組織の
問題解決に使える
パワーツール49

図でわかる! すぐに役立つ!

ファシリテーターの道具箱

森 時彦
ファシリテーターの道具研究会
【著】

ダイヤモンド社

はじめに

みなさんの会社や組織では、言いたいこと、言うべきことを遠慮なく口にし、活力に満ちた議論が行なわれていますか？　協調的で、しかし緊張感のある意見交換を通じて新しいアイデアを発想し、会社やチームをよくしていこうという気持ちに満ちあふれているでしょうか？

もし、答えがノーなら、ファシリテーターのマインドとスキルが役に立つかもしれません。

ファシリテーターのマインドというのは、たとえばある問題を前にした時、自分が答えを出そうとするのではなく、その前に「チームが前向きに創造的な議論を展開するためには、自分はどう働きかければいいか？」と自分自身に問いかける「心の姿勢」のことです。チームのあるべき姿勢や正しい思考プロセスを引き出すために、自分は何をすべきかと工夫する態度のことです。

ファシリテーターのスキルとは、もちろんそれを実現するための具体的なワザです。たとえば、何か心理的なわだかまりのある空気の中では、それを解消するワザが必要でしょう。ファシリテーターには、高い対人能力が不可欠です。

もちろん、対人能力だけでは問題は解けません。図形の問題を解く時に補助線を引いてもらうと、アッとひらめいて解けたという経験はありませんか？　難問に直面しているチームには、この補助線のような役割をするファシリテーターが必要です。どういう姿勢でチームに接し、いつ干渉し、何を問いかけ、どこまで干渉するかも、ファシリテーターのスキルの1つなのです。

この本は、そんな役割をするファシリテーターのための「道具箱」です。職場や学校、コミュニティなど、いろいろな場面で使える「道具」を見開き2ページに1つずつまとめてみました。解説を読まなくても、できるだけ絵を見るだけでわかるように工夫してみました。ファシリテーションに取り組もうと思っているあなた。自分の問題を心にとどめながら、この本をパラパラとめくってみてください。きっと何か役に立つヒントを見つけることができると思います。そういう思いで「ファシリテーターの道具研究会」のみなさんとこの本をつくりました。

ファシリテーションを身につける一番の方法は実践することです。しかし、実践するにしても、どう始めたらいいかわからないという方も多いと思います。この本は、そんな人に役立ちます。

もちろん、大工道具があれば誰にでも「家」を建てることができるわけではないように、「道具」を使えば、誰にでもいいファシリテーションができるわけでありません。ここに集めた「道具」から使えそうなものを選び、とにかくやってみる。少し慣れてくれば、もう少し応用範囲を広げてみる。そうやっていろいろな場で実践を積み重ねていくことで、ファシリテーターとしてのマインドとスキルが少しずつ身についていくのです。

この本の執筆メンバーの1人である東出和矩さんは、自身の体験から、「自分の得意ワザを5つほど持てば、かなりいろいろとやれる。ファシリテーションは、30も40も道具をマスターしなくてもできるものです」と言っていました。そう、この本にある道具から、自分が使いやすそうなものをまず使ってみる。調子がよければ、それをいろいろな場面で繰り返し使っているうちに、得意ワザとなっていく。それでいいのです。

ある程度ファシリテーションを実践している人にとって、この本はチェックリストとして役立つだろうと思います。私自身、ここに公開した道具リストを見ながら、「この場面に使えそうな『道具』はないかなぁ」と考えることがあります。その結果、ちょうどいいものが見つかる時もあれば、見つからない時もあります。見つからなくても、道具箱がヒントになって新しい道具をつくってしまうこともあるのです。

この本には、議論を建設的・効率的に進めるための「道具」を中心に集めてありますが、それだけでなく、議論の結果を実行に移すために役立つ「道具」も含めました。人間は、続けることが苦手です。せっかくのいい結論も組織として続けられなければ、元の木阿弥。「実行」「継続」を促すファシリテーションの道具もぜひ役立ててください。

●この本の成り立ちと構成

この本は、私、森時彦の発案によって企画されたものですが、中身はファシリテーションを実践する「ファシリテーターの道具研究会」のみなさん（大木豊成、大嶋友秀、田代純子、檀野隆一、中西悟司、新岡優子、西野亜希、東出和矩、細田剛、松尾公博〔50音順〕）の寄稿によって成り立っています。全体の記述に統一性を持たせるため、私が総合編集を担当しました。寄稿者の原稿を書き換えたところもあり、したがって、すべての文章に対する責任は私にあります。

序章は、ファシリテーションについての解説です。この本のメインディッシュである「道具」を使いこなすうえでの最低限の予備知識を整理しておきました。すでにファシリテーションについて予備知識のある読者は読み飛ばしてください。

第1〜4章は、「道具集」です。基本的に見開き2ページで1つの「道具」を紹介しています。「第1章　これだけは身につけたい道具8」は入門編で、その後の章を読む時に必要な「道具」を集めてあります。「第2章　シンプルに考えるための道具13」「第3章　愉快にロジカルに進める道具16」は応用編ですが、目次を見て気に入ったものから読んで試してみてください。ファシリテーションは実行が大切です。「第4章　実行力を高める道具12」は、主に組織変革に必要な「道具」を集めてあります。会議のファシリテーションから行動の変化へと進みたい方は、第1章の後、第4章に進まれてもいいと思います。

森　時彦

ファシリテーターの道具箱

目次

序章
社内プロセスコンサルタントになろう！　1

第1章

【入門キット】
これだけは身につけたい道具8　21

第2章

【初級キット】

シンプルに考えるための道具13

第3章

【中級キット】

愉快にロジカルに進める道具16

第4章

【上級キット】

実行力を高める道具12

序章

社内プロセスコンサルタントになろう!

●ファシリテーションって、会議術？

みなさんの知っている人の中に、こんな人はいませんか？

- その人が入ると、雰囲気が変わり、場が盛り上がる
- その人と話をしていると、明るい気分になり、元気になる
- 質問上手で、問われるままに考えていると触発され、やる気が出てくる

ファシリテーションということを知らなくても、このような人たちはいるものです。日本ではまだ数少ないプロのファシリテーターである青木将幸さんは、こういう人たちのことを「天然モノのファシリテーター」と呼んでおられます。天然モノは希少です。養殖しないと、世の中の需要に間に合いません。希少な天然モノの人たちも、ファシリテーションのスキルを体系的に学ぶことで、その天賦の才能を飛躍的に顕在化させることができるものです。

少し堅苦しくなりますが、ここでファシリテーションを定義しておきましょう。私は、ファシリテーションを「知的化学反応を促す触媒」あるいは「人と人の間の知的相互作用を促進する働き」と考えています。「どうやってファシリテーションしようか」と横文字を使って考えるより、「ここにいる人たちのアタマをフルに活用するにはどうしたらいいだろう？」と考えるほうがわかりやすいかもしれませんね。

10年以上にわたって日本におけるファシリテーション教育に携わっておられる草分け的存在の黒田由貴子さんは、ファシリテーションをもう少し丁寧に定義されています。

①中立な立場で
②チームのプロセスを管理し
③チームワークを引き出し
④そのチームの成果が最大となるように支援する

ファシリテーションを単なる会議術・司会術と誤解する人が大勢います。たしかにファシリテーションには会議を効率的に進める方法があり、司会術的なテクニックもたくさんあります。たとえば、黒田さんの定義①②はそう読めるでしょう。しかし、③④は会議術・司会術ではありませんね。チームワークを引き出し、成果が最大になるように支援するのはリーダーのスキルでもあると言えそうです。実は、最近のリーダーにはファシリテーションスキルを身につけた人が増えています。

人と人との関係や集団による思考を活性化し、新しいプラスアルファを促す術。建設的な議論を促し、組織を活性化し、実行力を高める。怒鳴り声や罵声や愚痴、不満ではなく、はつらつとした新しいアイデアと笑い声で満たされる組織。そういう場をつくり、プロセスをリードすることをファシリテーションと呼ぶことにしましょう。

「人の集団の知的生産性・創造性の向上」

これは、今後の日本が最も必要としているものかもしれません。

●第三者の効用

激しいボディチェックのあるプロのサッカーの試合は、見ていてとてもエキサイティングですが、あれだけ激しくボディチェックしても乱闘にならずにすんでいるのは、どちらのチームとも一線を画す第三者、審判員がいるおかげです。日韓戦など、第三国の審判なしでは考えられません。これを私は「第三者の効用」と呼んでいます。

ゲームが成り立つためには、まずゲームのルールが必要であり、そのルールに合意しているプレーヤーたちが必要ですが、忘れてならないのが、ルールを厳格に守らせる審判員の存在です。

ファシリテーターの効用は、この「第三者の効用」と言ってもいいと私は思っています。スポーツなどでは中立の審判員の存在を当たり前のように考えていますが、社内の会議や組織運営ではどうでしょうか？　議論やプロジェクト運営のルールを決め、それを守らせるために第三者を入れているでしょうか？　「そのために上司がいるのだ」と言っているようでは、「第三者の効用」の本質がわかっていないのと同然です。サッカーの日韓戦で、「日本にも厳正な審判員がいる」と言っているようなものです。

囲碁から出た言葉に、「岡目八目」という言葉がありますね。他人の囲碁を横から見ていると対局者よりも冷静でいられるため、八目先の手も読めるということから転じて、傍観者（第三者）のほうが当事者よりも物ごとの是非を的確に判断できるという意味で使われるのはご存じですね。同じように、ファシリテーターは当事者でないところが重要なのです。

たとえば、議論などのプロセスをコントロールするには、あまり中身に立ち入らないほうがいいのです。当事者・利害関係者ではないことによって、岡目八目的に議論の筋が読め、当事者たちに効果的で効率的な議論をしてもらうための筋道（プロセス）を示せます。

私は、日系と外資系の企業にそれぞれ10年以上勤めてきましたが、日本人はなんと議論が下手なのだろうかと思うことがよくあります。それは、この第三者の視点に立って冷静に議論の筋を読み、プロセスを考えるという視点を大切にしてこなかったことによるものだろうと思います。日本人は、集団で仕事をするのが得意だと言われていますが、それはモノづくりの生産現場での話です。オフィスで働く人たちは、集団で働くことを実は得意にしていません。その生産性は非常に低い。意見を戦わせ、かみ合わせ、より高度の答えを導いていくトレーニングを受けていないからです。いまからでも遅くはありません。ファシリテーションを意識することで、その力をつけていきましょう。

●ファシリテーションの三角形

ここで、ファシリテーションのスキルを大まかに整理しておきましょう。図表1を見てください。私はこれをファシリテーションの三角形と呼んでいます。この図にまとめたように、ファシリテーションには重要な4つのスキルがあります。

●図表1：ファシリテーションの三角形

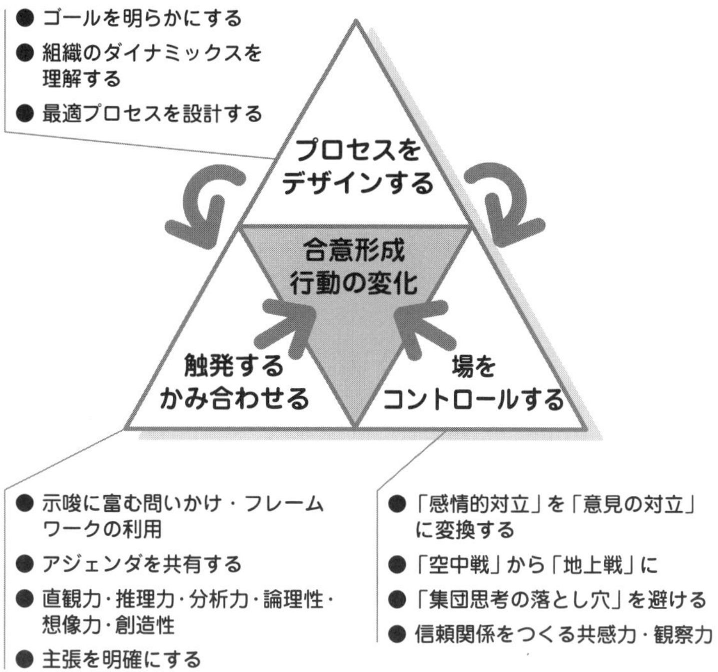
● ゴールを明らかにする
● 組織のダイナミックスを理解する
● 最適プロセスを設計する
プロセスをデザインする
合意形成
行動の変化
触発する
かみ合わせる
場を
コントロールする
● 示唆に富む問いかけ・フレームワークの利用
● アジェンダを共有する
● 直観力・推理力・分析力・論理性・想像力・創造性
● 主張を明確にする
●「感情的対立」を「意見の対立」に変換する
●「空中戦」から「地上戦」に
●「集団思考の落とし穴」を避ける
● 信頼関係をつくる共感力・観察力

（1）プロセスをデザインする

議論をうまくリードするためには、議論の流れ（プロセス）が大切です。同じ課題を設定しても、その順番を間違えるだけで、いわゆるボタンの掛け違いが起こるものです。つまり、議論をうまくファシリテートするには、そのプロセスを事前によく考え、入念にデザインしておくことが必要です。たしかに、何の準備もなく即興でファシリテーションを依頼されてできることもありますが、それは瞬間にプロセスデザインをしているからです。

プロセスデザインで重要な点をいくつか見ておきましょう。まず、最初に意識することは、ゴールを明確にすることです。ゴールは、「目的」と「成果物」を分けて考えておくといいでしょう。「目的」は、たとえば「従業員のモチベーション向上」のように意図を示します。しかし、意図だけでは抽象的なので、後で「あれ？　今日は何が決まったのだろう？」と感じる会議になりかねません。

そこで、そんなことにならないように「成果物」を考えておくのです。「成果物」とは、1時間の会議なら1時間後にできている具体的なもののことです。たとえば、誰がいつまでに何をするのかを記した「アクションリスト」や、やる・やらないの判定結果などです。それを会議の設計段階で決めておくことが重要です。

ゴールを明確にしたら、次にそこへ向かう最適なプロセスを考えます。ここでの鉄則は、ムダだと思っても意識的に「発散」過程を十分にとることです。多少横道にそれても、言いたいことを存分に言わせ、考えたいことを考えさせる時間です。それを飛ばして、いきなり「収束」（結論）に向かうようなプロセスでは十分にアイデアを集められません。不満も残るはずです。場合によっては、この「発散」に何日かかけたほうがいい場合もあります。

具体的なプロセスデザインでは、ロジック面だけでなく、心理的な側面からも設計するように心がけましょう。たとえば、声の大きな人が牛耳っている組織では、まずその人を外して議論する必要があるかもしれません。参加者を選ぶのもプロセスデザインの重要な要素です。

実際に効果的なプロセスデザインをするためには、センスとかなりの経験が必要です。優れたファシリテーターの進め方から少しでも学ぶように、普段から心がけましょう。

(2) 場をコントロールする

ファシリテーションの現場では予期せぬことが起こるものです。せっかくのプロセスデザインも、現場ではそのとおりには進まないほうが多いです。想像以上に当事者たちの口が重かったり、水面下で感情的な対立が起こることもあります。ファシリテーターたるもの、そうした場面をうまく処理しながら、議論のプロセスをコントロールし、生産的な場を維持する必要があります。メンバー同士、またメンバーとファシリテーターとの信頼関係に配慮し、それが失われないように注意することが必要です。普段から人間関係に対する観察力を磨き、それに裏打ちされた共感力を養っておきましょう。

ここでは、EQ力が重要です。EQ（Emotional Intelligence Quotient）とは、米国イェール大学のピーター・サロベイとニューハンプシャー大学のジョン・メイヤーによって提唱された概念で、自分の感情をうまく制御して、実際の状態に応じて場をうまくコントロールしていく能力のことです。「心の知能指数」と考えるとわかりやすいでしょう。

場をコントロールするためには、チームで議論する時に起こるいろいろな障害を理解し、それらに対する対処法を用意しておくと役に立ちます。この章の後半で考えてみたいと思います。

(3) 触発する、かみ合わせる

場をつくり、意見が活発に交わされるような心理的な状況を生み出しても、答えが出ないことがあります。たとえば、言われたことをやるだけの仕事しかやってこなかった人たちに、急に「意見を言ってください」といっても無理というものです。そこで、参加者を触発し、少しずつでも出てきた意見をそのままにせず、激励し、かみ合わせ、発展させることが大切です。示唆に富む質問（時には、ばかばかしいような質問も効果的）をする、フレームワークを利用する、といったことを行なう必要があります。
　ここでいうフレームワークというのは、議論の枠組みのことです。たとえば、生産性を上げたい時には、プロセスマッピング（p.54参照）をしてボトルネックを発見する、というのが1つのフレームワークです。このフレームワークに従って、全員が参画していくことで、全体の力が引き出せるのです。議論が下手な人は、このフレームワークを意識すると格段に生産性を上げることができるでしょう。「場をコントロールする」時にはEQが重要という話をしましたが、ここではIQが重要です。
　この本では、フレームワークを「ファシリテーターの道具」として集めてみました。この本で取り上げた主なフレームワークを、「発散」と「収束」という重要なプロセスに従って分類したものを図表2に掲げておきます。こ

●図表2：ファシリテーターの道具箱

発散型道具

- アイスブレーク
- チーム ビルディング
- ブレーン ストーミング
- トークボール
- タイムマシン法
- モア・レス
- As is To be
- コントロール可能・不可能
- ワールドカフェ
- ヒーロー インタビュー
- W/Cシート

収束型道具

- n/5投票法
- 4W1H
- プロコン分析
- ゴールツリー
- ペイオフマトリックス
- ダブル・ペイオフ マトリックス
- デシジョンツリー
- 日の丸分析
- パレート分析
- リスク評価表

発散にも収束にも使える道具

- グランドルール
- メンバーの取扱説明書
- パーキングエリア
- リーダーズ・インテグレーション
- マインドマップ®
- マンダラート
- プロセスマッピング
- フォースフィールド分析
- フィッシュボーン
- ニュースペーパーテスト
- 2分割リフレーミング法
- タンク
- ステークホルダーズ分析
- SWOT法
- 親和図
- 思考システム図
- ロジックツリー
- 要素マッピング
- 期待と課題のマトリックス
- 振り返りタイム
- 一言チェックイン・チェックアウト
- ジョハリの窓エクササイズ
- オポチュニティマッピング
- PREP法
- PPM
- できていることチェック

の表を見て「うわぁ、たくさんあるな。とても覚えきれないな」などと思う必要はありません。この中から自分に合ったものを5つほどマスターすれば、実際にはかなり使えます。実践していく中で、得意なツールを少しずつ増やしていきましょう。実際の問題解決に応用する場合には、これらを参考に、さらに一工夫して使うと効果的です。

(4) 合意形成、行動の変化

議論の結果として全員が共有できる結論が必要です。これを「合意形成」と呼ぶことにしましょう。

EQ、IQをフル動員して、チームのプロセスをコントロールし、全員のアタマを揺さぶる。その結果、求めるものは合意です。ファシリテーションでは、できるだけ全員から意見を引き出し、協調的(ウィン-ウイン、あるいはプラスサム)な解を目指しますが、いつもそう都合のいい答えが得られるわけではありません。そんな場合には、現実的な範囲の中でいろいろな工夫をします。

その1つは、決め方についてはじめに合意を得ておく、ということです。議論がかなり進んでから、後出しジャンケンのように決め方を決めるのではなく、議論の前に決めておくと進めやすいものです。

たとえば、会議を始める前に会議のグランドルール(p.26参照)をつくってもらい、その中に、次のような項目を入れることに合意してもらうという手があります。

「4時55分までにコンセンサスなき時は、山田リーダー決裁とし、今日の5時までに結論を出すこと。持ち越しなし」

たとえ時間になってコンセンサスが得られなくても、この4時55分というのがいいプレッシャーとなって、フレームワークに沿って活発な意見交換がされるものです。そのうえで、このルールに従って山田リーダーに決裁してもらえばいいのです。時間を延長したからといっていい議論になるわけではありません。

よく、「発散はできるが、収束が難しい」という話を聞きます。たしかにそのとおりですが、意外と収束のプロセスを考えていなかったところに問題があることが多いものです。反省してみてください。
「合意形成」も重要ですが、プロジェクト活動などでは、その後の「行動変化」のほうが重要です。参加者の行動が変わるためには、単なる「合意」ではなく、納得し、意識が変わることが不可欠です。「納得感」は、結果を共有するだけでは生まれません。一緒に考えること。プロセスを共有することが重要です。ファシリテーションはプロセスに注目すると書きましたが、「納得感」を意識したプロセスコントロールを心がけたいものです。

●ファシリテーターに求められる「力」

ファシリテーターのスキルを大づかみに見てきましたが、少し違った観点から、ファシリテーターの要件を考えてみましょう。それはスキル以前のもの、すなわち性格や心構えといったものです。

- 楽観力
- 前向き――対立のエネルギーを前進の糧に変換する気力
- 未来志向――過去にこだわらない
- 外向き――顧客志向
- 開かれた心――オープンマインド
- 好奇心
- 自分たちを客観視する力
- 高い目的意識
- システム思考力
- 行動力

「楽観力」とあえて「力」という字を入れたのは、ノーテンキな楽観主義ではなく、悲観的な状況でも、あえて希望を見つけて立ち向かう「意志」を表わしたかったからです。
「前向き」「未来志向」「外向き」は「楽観力」と一体です。ともすれば「後ろ向き」「現状追認」「内向き」になりがちなチームを叱咤激励し、変えられる可能性のある未来に向けてチームの思考を促す力です。

「開かれた心」「好奇心」は、誰かの発言や行動の中に新しい道を切り開くアイデアが潜んでいると信じ、強い関心を持っているということです。チームで考えることに対する基本的な信頼感と言ってもいいでしょう。一方で、観念的な議論を戒め、現実を直視する「自分たちを客観視する力」がファシリテーターには求められます。

「高い目的意識」は、議論の中身（コンテンツ）に入り込まなくてもいいファシリテーターが片時も忘れてはいけないものです。誰よりも目的に対する意識を研ぎ澄ませていなければいけません。議論が脇道に入ったら、すかさずEQ力を発揮して軌道を元に戻すのです。

「システム思考力」とは、たとえば営業部がよくなっても、それが会社全体としてどうなのか、と問題を系全体の中で捉える力のことです。全体最適を考える姿勢です。「高い目的意識」と対になっています。

ファシリテーターにとって「行動力」が重要というのは意外に思われるかもしれませんが、「行動力」はチームの信頼感を得るのに重要な要素です。口だけでなく、どんどん動くファシリテーターの姿にチームは触発されるものです。

●チームの発想を促す3つのパターン

ファシリテーションの現場に立って、どうやってチームの発想を促そうかと考える時、私が実践しているやり方があるので、ご紹介しておきたいと思います。図表3（次ページ参照）に示した3つの輪をご覧ください。

「このチームは、全体像を捉えているだろうか？」と考えてみるのが一番上の輪です。議論が小さな世界に入ってしまって全体像を見失い、発想が偏っているようであれば、いったん全体像を描いてもらうような問いかけやフレームワークが役に立ちます。

逆に、全体を見ているが、ボンヤリとしか考えていないために考えが進まない場合は「もっと分析的に考えさせる方法はないだろうか？」と考えます。

●図表3：チームの発想を促す3種類の問いかけ

- プロセスマッピング（p.54）
- タンク（p.90）
- オポチュニティマッピング（p.100）
- ペイオフマトリックス（p.56）
- 思考システム図（p.118）

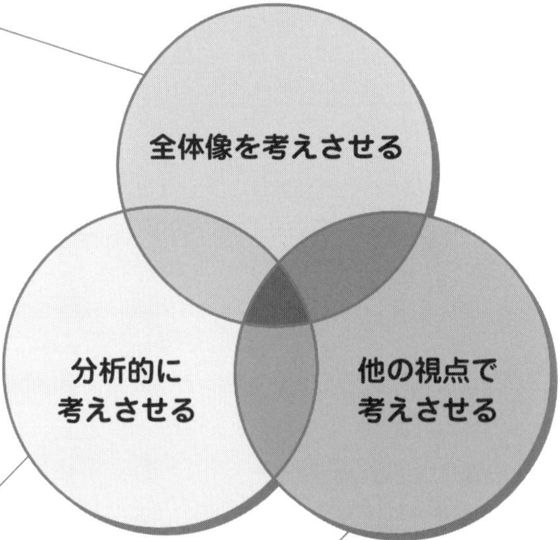

- フォースフィールド分析（p.110）
- ステークホルダーズ分析（p.112）
- 要素マッピング（p.120）
- リスク評価表（p.122）
- SWOT法（p.130）

- プロコン分析（p.52）
- コントロール可能・不可能（p.46）
- マンダラート（p.62）
- PPM（p.132）
- 日の丸分析（p.58）

それが図表3の左下の輪です。
　視点が固定していて一面しか見えていない議論では「違う視点に気づいてもらうにはどうしたらいいだろうか？」と考えます。2つの異なる見方（軸）を組み合わせることで、新しいものが見える場合もあります。それが図表3の右下の輪です。
　このように自分に問いかけながら、効果的な「道具」を考えていきますが、1つの道具が複数の役割を果たすことも少なくありません。

●集団思考の落とし穴にご用心

　チームでものを考えるということは想像以上に難しいものです。みなさんの中にも「自分は1人で考えるほうがいい。他人と一緒では集中できない」とはじめから諦めている人もいるのではないでしょうか。
　たしかに1人ひとりのアイデアは重要です。しかしそれを寄せ合った時、とても1人だけでは達成できない斬新な考えに行き着くことがあるのも事実です。興奮の瞬間。それこそ、集団思考の醍醐味です。凡人を集めた野球チームがスター選手を集めたチームに勝つ瞬間のようなものです。この醍醐味を味わった人たちの間には仲間意識が芽生え、チームスピリットが醸成されていきます。新たな問題が発生しても、誰かのせいにせず、チームで解決しようとする力が生まれるのです。
　そのようなポジティブなサイクルをつくるためにここでは、集団でものを考える時に陥りがちな落とし穴について考えておきたいと思います。図表4は、「集団思考の落とし穴」をまとめたものです。
　この表にある「社会的手抜き」というのは、特に悪意がなくても人数がある程度以上になると発生する現象です。課題解決に向けてプロセッサー（アタマ）の数が多すぎるために、「自分はやらなくても支障ない」という気持ちが発生するのです。
「感情的対立」は、サッカーで言えば、接触プレーで感情的になるようなものでしょう。白熱したプレーをすれば「接触プレー」はつきもので、これを恐れていてはいいゲーム（議論）にはなりません。問題は、それが後にしこ

●図表4：代表的な「集団思考の落とし穴」

社会的手抜き	「私1人ぐらい参加しなくてもいいだろう」という現象。メンバーが5人程度以上になってくると発生する
感情的対立	「意見の対立」ではなく、「あいつは嫌い」に根ざした対立
声高少数者の影響	「声の大きな」「目立つ」意見に目を奪われて、「声の小さな」「目立たない」正しい意見を見落とす現象
集団圧力・同調行動	目に見えぬ集団圧力とそれに知らず知らずに同調する行動。たとえば、日本では「和をもって尊しとする」という規範は「圧力」と化し、斬新なアイデアを抑圧している
集団愚考	IQ150の人が集まって、IQ100の答えを出すという現象。他者より自分の意見のほうが「明快」であることを示したいなどの参加者の心理に根ざし、「極端な意見の競争」や逆に「万人受けする意見」が採用される現象

りを残すようなものにならないようにすることです。実際の会議などでは、むしろ「感情的対立」が生まれることを恐れて意見を言わないことが多いのではないでしょうか。サッカーの喩えで言うと、接触プレーを避けているゲームのようです。少々の「感情的対立」を乗り越えて議論できる場をつくれるかどうかが、ファシリテーターの腕の見せどころです。

「声高少数者の影響」は、声の大きな人、よく知っている人の意見だけで決まってしまう現象のことです。日常の会議で一番多く見られるものかもしれません。これに慣れてしまうと、他の人たちが思考を停止したり、意見を口にしなくなります。この状態が長年続くと社員の脳が退化してしまいます。ワンマン社長がある時に気がついて何とかならないかと相談を持ちかけてくるのですが、慢性病ですからそう急には治りません。普段から声の小さな、目立たない意見にも耳を傾け、拾い上げる積極的傾聴力が求められるところです。

「集団圧力・同調行動」は、内部の人には気づきにくい現象です。メンバーの思考を制限している見えざる枠組みや圧力に起因するものですが、風土とか文化とか言われるものがその枠組みや圧力を形づくっている場合が多いのです。これをすばやく見抜き、悪しきクセから早く脱出する方法を考えるのもファシリテーターの腕と言えるでしょう。

「集団愚考」は、個人よりも集団になることによって愚考を始める現象を指します。IQ150の人が集まって、IQ100の結果を出すと言われる現象です。米国のような社会では、自分の意見をきわ立たせるために、非現実的な意見を述べあうことによって起こる場合が多いようです。日本のような社会では、逆に角の取れてしまった丸い結論を導く現象と言えるでしょう。

●「集団思考の落とし穴」に陥らないように工夫しよう

では、このような集団思考の落とし穴に陥らないようにするには、どうすればよいでしょうか。場面によって具体的な対応は変わりますが、ここではそのヒントになるようなことを図表5にまとめてみました（次ページ参照）。

各自の役割がしっかり決まっている場合には「社会的手抜き」は、起こりにくいものです。したがって「社会的手抜き」を防ぐには、あらかじめ役割分担をはっきり決めておくといいわけです。

たとえば、場面を設定して「Aさんは、部長役をしてください。Bさんは、うるさい顧客役でお願いします」と役割設定してロールプレーしてみると非常に盛り上がります。そのうえで問題解決に入ると、それぞれの立場から積極的な意見が聞けることが多いものです。

「社会的手抜き」は、昨夜飲み過ぎたとかの理由でアタマが活性化していないために起こることもあります。そんな場合には、ストレッチやちょっと体を動かすゲームを取り入れたり、いったんポストイットに意見を書いてもらってから議論に入ると効果的です。

しかし、いくら準備しておいてもやはり現実には「手抜き」が発生することがあります。たとえば議論の途中でデータを集計しようということになると、その間、データ関係者以外の人たちが遊んでしまいます。こんな時には

●図表5：「集団思考の落とし穴」に陥らないためのヒント

社会的手抜き	● 1人ひとりの役割を決めておく ● ロールプレーを利用する ● ゲーム感覚で発言回数を競わせる ● ポストイットに書かせる
感情的対立 声高少数者の影響	● 感情的対立が始まったら休憩をとる ● 論点を整理して板書する（「意見の対立」に昇華する） ● 論理的なフレームワークを使って議論する ● 対面ではなく、ホワイトボードに向かって議論させる ● ロールプレーを利用する
集団圧力・同調行動 集団愚考	● 思考プロセスを描き出して、悪いクセを指摘してみる ● オフサイトなど物理的な場所の効果を利用する ● 少数の尖った意見を促進する仮説を立ててみる ● アイスブレークやロールプレーを利用する ● グランドルールなど宣言効果を利用する ● フレームワークを利用する ● オズボーンのチェックリストなどで思考を強制してみる

どうすればいいでしょう。私がよく使う手は、「この人たちには何をしてもらったらいいでしょうか？」とチームに役割を問いかけてみるというやり方です。けっこう効果的です。

ある程度の「感情的対立」は、むしろ必要だと私は考えています。サッカーの接触プレーを禁じてしまえばいいゲームにはならないように、議論でも相手の立場や感情に踏み込むような発言を遠慮していてはいい議論にはなりません。問題は、それを後にしこりを残さないレベルでとどめることです。サッカーでもそうですが、感情的対立が始まりかけたら当事者同士だけでは止められません。第三者（ファシリテーター）が、休憩を宣言したりして議論をいったん止める必要があるのです。

休憩をとるなどしていったんアタマを冷やした後は、ユーモアを交えながら論点を図解して「意見の対立」へと導く工夫をしてください。みんなが休憩している間に、ファシリテーターはアタマを回転させ、ホワイトボードに向かうのです。図解する時には、第1〜4章にまとめたいろいろな「ファシリテーターの道具」を参考にしてみてください。きっと役に立つ道具があると思います。休憩前には向かい合って言い合っていた当事者を、休憩後はホワイトボードに向かって座らせ、図に対して意見を言うようにすれば、心理的にも対立構造を和らげることができます。

踏み込んだ議論を促しながら「感情的対立」にしないもう1つの工夫は、ロールプレーです。たとえば「あなたは、うるさ型の客を演じてください」と設定することで、平社員が普段は物言えない営業部長に対してバンバン注文を出すことができたりします。

「声高少数者の影響」を抑え、声の小さな貴重な意見を引き出すためにも、ロールプレーが役立ちます。「ロールプレーはちょっと……」という場面なら、議論のフレームワークを理解してもらったうえで、静かな時間を10分でもとり、いったんポストイットなどに書いてもらうのがいいでしょう。書いたものなら声の大小ではなく、「意見の価値」で判断ができます。

エライ人が存在感を示している会議の席では意見が出にくいですね。ファシリテーター自身が尻込みしてしまうかもしれません。そんな時は、ちょっと休憩を宣言して気分を変え、休憩後に（アイスブレークを挟んで）個別にポストイットに意見を書いてもらって模造紙などに描いたフレームワークに貼ってみると「小さい声の貴重な意見」を引き出しやすくなります。

「集団圧力・同調行動」を矯正するには、参加者のアタマを大きく切り換える必要があります。時には、他社事例を見せてショックを与える必要があるでしょう。そういう効果を狙って、意識的に社外の人をメンバーに入れておくことができるといいですね。私の経験では、外国人が適度に入る、男性だけの中に少しでも女性が入るなどすると異なる視点が出やすくなり、「集団圧力・同調行動」のワナから逃れやすくなります。

少し高度ですが、ファシリテーターがチームの思考パターンをフローチャートなどで表わし、参加者に「振り返り」を促すという手もあります。たとえば、議論が循環している時には、その循環している様子をフローチャートに表わし、「この循環を断ち切るためには、どう議論したらいいでしょうか？」と問いかけるのです（思考システム図。p.118参照）。
ファシリテーターが、たとえば「みなさんは顧客の行動パターンを考慮していない議論になっていると思います」とチームの悪いクセを指摘してもいいと思いますが、私の経験では「だからこう議論しましょう」という具体的なプロセス提案をしないと、「なるほど」とうなずいても後が続かないことが多いものです。
童話や寓話から大人が学べるように、アイスブレークの中にも、ちょっとした気づきを与えるものがあります。普段の仕事の中では難しいですが、オフサイト・ミーティングなどでは、そういうアイスブレークをした後で視点を変えた議論をするというやり方もあります。オフサイトという場所そのものに視点を変える効果もあります。

●いろいろな人の知恵を活かそう

経験豊かな年長者が若手のチームのファシリテーターとして入る時、ともすると、こうすればいいのだと「答え」を言ってしまいたい誘惑に駆られるものです。そんなファシリテーター氏へのアドバイスは、「一歩下がって、その『答え』がどこから導かれたのか考えてみる」です。「答え」を提供するのではなく、自分が「答え」に至った思考プロセスを提供するのです。経験者の「知恵」は貴重です。
同質の人間が集まっている集団は管理しやすいですが、すぐに「集団圧力・同調行動」の落とし穴に陥ります。そういう組織に属している人は、意識的に注意が必要です。
最近、ダイバーシティ議論が盛んですが、この問題の本質は、いかに多様な見方をファシリテートして、創造的な解を見出すことができるかということではないでしょうか。職場の女性をどう扱うのかというのは枝葉末節にすぎないでしょう。
男女はもちろん、年齢、経験、文化的背景の異なる人たちが集まるチームを積極的につくり、互いの知恵を化学反応させるファシリテーション能力が求められているように思います。そこに気づくことがファシリテーターズ・マインドの第一歩です。

●社内プロセスコンサルタントになろう!

「英会話をマスターしよう」「朝型人間になろう」などと思っていても、なかなか続かないという経験はありませんか。組織も同じで、何をすべきかはほとんどの組織が知っているのですが、長続きせず、そのうち諦めてしまうというのが実態ではないでしょうか。私の知るところ、もっと部下に権限委譲してエンパワーメントを推進しようと思っている上司は非常に多いのですが、実際にやってみると頼りない部下を見ていられなくなって手を出してしまう。部下から見れば、「エンパワーメントなんて偉そうに言ってたけど、やっぱり口だけだ」ということになってしまいます。この上司を「我慢が足らない」と批判するのは簡単ですが、スピードを競っている実際のビジネスの現場では難しいものです。

こんな時に、いわば組織のパーソナルトレーナーとでもいうべき存在のプロセスコンサルタントが役に立ちます。プロセスコンサルタントは、組織運営の中に入ってきて、外部の人間として変革をファシリテートする役割です。外部の目があると、やるべきことをちゃんとやろうとするのは、組織も個人も同じなのです。

いろいろなやり方がありますが、私がお勧めするプロセスコンサルタントの使い方は、具体的な数値目標のあるプロジェクトを設定し、それにコンサルタントを入れるというやり方です。在庫を20%削減する、回収率を1ポイント上げる、コストを15%下げるといったプロジェクトに外部ファシリテーターが入り、チームによる問題解決力を高めながら、実際の問題を解決していくのです。プロセスコンサルタントは、戦略コンサルタントとは異なり、「これが答えです」とは言いません。「ここで、プロセスマッピングをしてみましょう」「この方向で、来週までにアイデアを100個考えてきてください」「その考えいいですね。ぜひ次回までに、その分析をして見せてください」とチームが問題を解決するファシリテーターの役割を果たすのです。

プロセスコンサルタントは、「有能な上司」がしびれを切らさないように別途話し合いを持つこともあります。プロジェクトメンバーが気づかない視点があれば、それを示唆して分析や行動を促す。チームのメンバーは、自分たちが自律的に問題を解決することが求められていることを自覚し、与えられた宿題だけでなく、問題解決のためにいろいろなことを試みはじめる。日本ではまだあまり使われないプロセスコンサルタントですが、みなさんの問題解決に使ってみてはどうでしょうか？

しかし、コンサルタントを何も社外に求める必要はありません。プロセスコンサルタントで重要なのはファシリテーション力ですから、みなさんがパートタイムで隣の部や事業部の、コンサルタントになってはいかがでしょうか？　リタイアする人の中にもいい人がいるかもしれませんね。人事部に、そういう人たちのネットワークをつくってもらったらどうでしょうか。

既存の組織の中だけで仕事をしていてはダメな時代になってきました。縄張り意識を捨て、ファシリテーション力を鍛えて、いろいろなところに活躍の場を広げていきましょう。

第1章

【入門キット】

これだけは身につけたい道具8

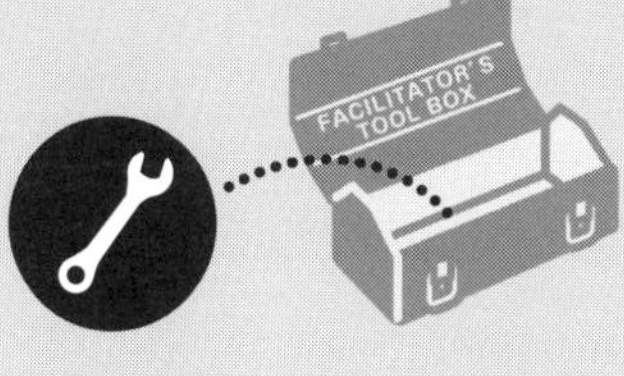

はじめての人と仲よく語ろう！

こんな時に使える！

はじめての人とやるワークショップや研修。趣味と職歴だけの自己紹介では、何も記憶に残りませんね。人見知りする日本人には落ち着かない時間です。そんな時に、雰囲気を一気に変えるユニークな紹介道具です。

こんな道具がある

●ウソつき自己紹介

（所要時間：1人5分、人数：～10人、事前準備：A4サイズの紙）

1. 人生を振り返って、人に話したいエピソードを3つ考え、キーワードを大きくA4サイズの紙に書く。ただし、その3つのうちの1つをウソにする
2. キーワードを書いた紙を他の人に見せながら3分程度で自己紹介する
3. 自己紹介が終わったら、どれがウソかを残りの人に投票してもらう

生まれた時から考えると、必ず印象に残るエピソードがあります。それを考えてください。ウソを見抜くための質問時間を設けると盛り上がります。

●他己紹介

（所要時間：人数×10分、人数：5～10人、事前準備：なし）

1. 知らない人とペアを組んでもらう
2. 5分間時間を与えてパートナーをインタビューしてもらう
3. その後、パートナーを全員に紹介する

紹介の仕方に条件をつけると盛り上がりやすい！

例

- 「この○○さんは、世界一△△な人です」と始める
- ほめちぎる
- 面白いクセを入れる

アイスブレークⅠ（ウソつき自己紹介）

●マイブーム

（所要時間：1人30秒、人数：10〜20人、事前準備：A4サイズの紙）

1. 人数が多い時には、数名ずつのチームに分ける
2. 自分のマイブームを3つ挙げてもらい、A4サイズの紙に大きく書き出す
3. チームの中で、紙を見せながら説明する
4. チームの中でベスト・マイブームを選んでもらい、他のチームに紹介する

このマイブームの内容で、趣味の合う人たち同士のチーム編成にしても面白い。

顔ジャンケンで真剣勝負！

こんな時に使える！

単なるばかばかしいお遊びも、参加者間の雰囲気を和らげるアイスブレーク効果があります。ここでは「普段使わない顔の筋肉を使うことで、脳を活性化していく」というふれこみのお遊びを1つ紹介しましょう。

この道具の使い方

1. ペアで立って、向かい合う
2. ジャンケンのルールを説明する
   - グー…顔の中心に筋肉を寄せるようにする
   - チョキ…唇をすぼめてつき出す
   - パー…大きく口を開いた笑顔をつくる
3. 「最初はパー（笑顔）！」で始める
4. 3回勝負ぐらいにして、数回をやってみる

使用例

20代から30代の企画マンが集まった企画会議の席上、マンネリ化した雰囲気を打破するために、ファシリテーター氏は次のようにアイスブレークを提案。

「では、この企画会議でたくさんのアイデアを出していくために必要なことをします。まず2人1組でペアになってください。表情豊かな会議をやりたいので、そのためのエクササイズとして、顔ジャンケンというものをやりたいと思います。簡単に説明をしますと……」

さらに使いこなすためのヒント

- 比較的若手の人が集まる時のアイスブレークとして活用してみましょう。年輩の役員が参加する会議などでは、向かないかもしれません。
- パーティーなどの余興で、参加費100円を出し合って勝ち抜き戦をやると盛り上がること間違いなしです。

アイスブレーク（うち解けるお遊び）

顔ジャンケンの要領

グー　　　チョキ　　　パー

最初はパーで始めよう！

最初に決めておくと、なぜか話しやすくなる！

こんな時に使える！

うまくいかない会議には、話しにくい雰囲気や声の大きな人の存在など、それなりに理由があるものです。それを解決しようというのがグランドルールです。会議を始める前にみんなでグランドルールを決めて、張り出しておくと話がしやすくなります。

この道具の使い方

1. 会議を始めるにあたってグランドルールをみんなでつくることを提案し、参加者からルールを提案してもらう
2. ファシリテーターは、ルールをわかりやすくリストにする
3. 提案数が一定以上になったら、いったん打ち切って、みんなでリストを見直し、全員の賛同を確認する
4. 会議中は誰でも目につくところに張り出しておく

使用例

あるホテルチェーンのワークショップ。みんなが意識する声の大きな上司がメンバーに入っていた。そこで、自由に話せる場をつくるためにグランドルールをつくることにしたところ、「上下を意識しないように、全員“ため口”で話す」「このグランドルールに違反した人にはイエローカード！　3枚貯まったら、全員にジュースを1本ずつおごる」などのルールが決まった。ファシリテーターが黄色のポストイットをイエローカード代わりに使っていると、全員がそれを使いはじめ、笑いの中にストレートな意見交換が進みはじめた。

さらに使いこなすためのヒント

- グランドルールという言葉そのものを知らない人が多い時は、ファシリテーター側で事前に叩き台を用意しておき、会議のメンバーにはいくつか付け足してもらうといいでしょう。例のように、イエローカードを使って違反者を冗談っぽく摘発すると和やかなうちにルールが守られます。
- 慣れていない時は、グランドルールの数は少なめにしておきましょう。

グランドルール

本日のグランドルール
● 時間厳守
● 座らない、立って話す
● 気を遣わず、ため口で話す
● とりあえず話す、書く
● イエローカード3枚でジュース1本
● 議論が止まったら休憩
● 意見を否定しない、ほめる
● 他人の意見から構築しよう
● 1時間に1回成果を出す
● 30分に1回は笑う、笑わせる
● 人の話をさえぎらない
ちょっと多すぎない？
みんなで決めたグランドルールは、
見えるところに張っておく

これで、議論は脱線しない！

こんな時に使える！

議論の本筋から外れた意見が出て、放っておくとその方向に議論が流れて脱線してしまいそうな時、相手がエライ人でも、パーキングエリア（PA）を使えば、やさしく議論を本筋に戻すことができます。

この道具の使い方

1. 壁に模造紙を1枚張っておき、PAと大きく書いておく
2. 議論の本筋から外れた意見が出てきた時には、発言者の了解を得ていったんPAに記録し、議論を元に戻す
3. 会議が終わる時に、PAに記録したものをどう扱うか決める

使用例

ある会社の営業企画会議。突然部長が、「ちょっと外れるが……」と前置きしながら、次年度のテレビCM企画の話を始めた。たしかに今日の議題に関連してはいるが、本筋と離れている。しかしその話に、営業の課長が意見を述べはじめた。そこで司会を担当していた笛吹氏は、もう1枚模造紙を張ると「PA」と大きく書き、その下に、部長の意見を書き留めた。「貴重なご意見なので、忘れないように書き留めておきました。これでいいでしょうか？」部長の確認をとると、笛吹氏は議論を本題に戻した。

さらに使いこなすためのヒント

会議で、同じ話を延々と繰り返す人がいますね。こんな現象を止めるのにもPAは威力を発揮します。その人がまた話を蒸し返しはじめたら、静かにPAに書いてあるところをコンコンとノックしてみましょう。

パーキングエリア（PA）

営業企画部定例会議
議題：
1. 来年度全社営業社員の採用計画レビュー
2. 今年度の研修についての反省点
3. 来年度の営業スキル研修計画レビュー
4. その他
PA
● 来年度のTVコマーシャル起用タレント変更
PAには、大きなスペースをとって誰にでも見えるように書こう

ブレストは、こうすればうまくいく!

こんな時に使える!

ブレストは、本来批判せずにどんどんアイデアを出していくものですが、「気がついたらアイデアの批判合戦」になっているということはありませんか? そんな時こそ、ファシリテーターの腕の見せどころです。

この道具の使い方

1. 事前に考えてくるテーマを与え、各自アイデアを大型のポストイット(A5サイズ)に1件1枚で書き出してくるよう依頼する(1人10件以上)
2. グランドルール(p.26参照)にアイデアを殺さないための項目を書いてすぐに見えるところに張っておく
3. 参加者全員のポストイットを壁に貼り、簡単に説明する
4. 説明を聞きながら、必ず「いいね〜」「すごい」と全員でポジティブに反応する
5. くだらないと思ったら、「こうするともっといいかも」と新しいアイデアを加える
6. 他人のアイデアに悪のりして、新しいアイデアを出す

使用例

あるNPOの理事会。次年度の行事についてブレストをやろうとしたのだが、とたんに「それはダメだよ。いったい誰がやるんだ?」「事務手続きも煩雑になる」と批判合戦になってしまった。そこでいったん中断したうえで、次回までにアイデアを各理事10件ずつ書いてくることにし、グランドルールをつくって、ブレストをやり直すことにした。

さらに使いこなすためのヒント

- くだらないアイデアは他の人のアタマを刺激する、と考えて口に出しましょう。
- いいアイデアは1000に3つ。日頃からドンドン考えて、書き出す習慣をつけましょう。

ブレーンストーミング（ブレスト）

このNPOを発展させるための事業案
事例集を
地方自治体への
提案書を作成する
優れた活動を
懸賞論文を
地域別予算にして、
各地域で事業を
考えさせる
PTAに
町内会議に
サービス提供する
中学生を対象に
新たに
学校の先生を
対象に
公開講座を開く
いいブレストには、事前の準備と
ひ弱なアイデアを育てる場づくりが不可欠

グルーピングでアイデアを促そう！

こんな時に使える！

みんなのアイデアを集めたい、集めたアイデアを見ながら新しいアイデアをつくりたいという時には、親和図がぴったりです。でも、意外に使い方を間違えているので要注意……。

この道具の使い方

1. テーマをみんなが見えるところに板書する
2. 時間を限って、ポストイットに1件1枚でアイデアを書き出していく
3. そのアイデアを壁などに貼って、みんなが見えるようにする
4. 貼り終わったら、意味を確認しながら意味の似ているものを集めていく
5. 集められたポストイットの集合に名前をつける
6. 2から5を繰り返す

使用例

例によって、経費削減。山田企画部長は、関係者を集めて親和図を使ってアイデア出しをしてみた。「出張所の数を減らす」「役員室の廃止」などのアイデアをまとめて「オフィス賃借料を見直す」と名前をつけてみたところ、新たに「サテライトオフィスを増やす」「賃料の安いオフィスに移転する」とアイデアがふくらんだ。「電話通信費をスカイプでタダにする！」「電話会議で出張を減らす」などを一括りにすると「IT利用で、直行直帰を可能にする」「日報をSNSに切り替える」と、単なる経費削減を超えて新しいワークスタイルが見えてきた。

さらに使いこなすためのヒント

意味の似ている（親和性のある）ものを寄せ集める時、「人事関係」「営業関係」と既存の考えに従って機械的に分類しないように注意しましょう。普通は別に分類されるものの間に新しい意味を見つけ出し、アイデアを増殖するところにこの手法の面白さがあるのです。

親和図

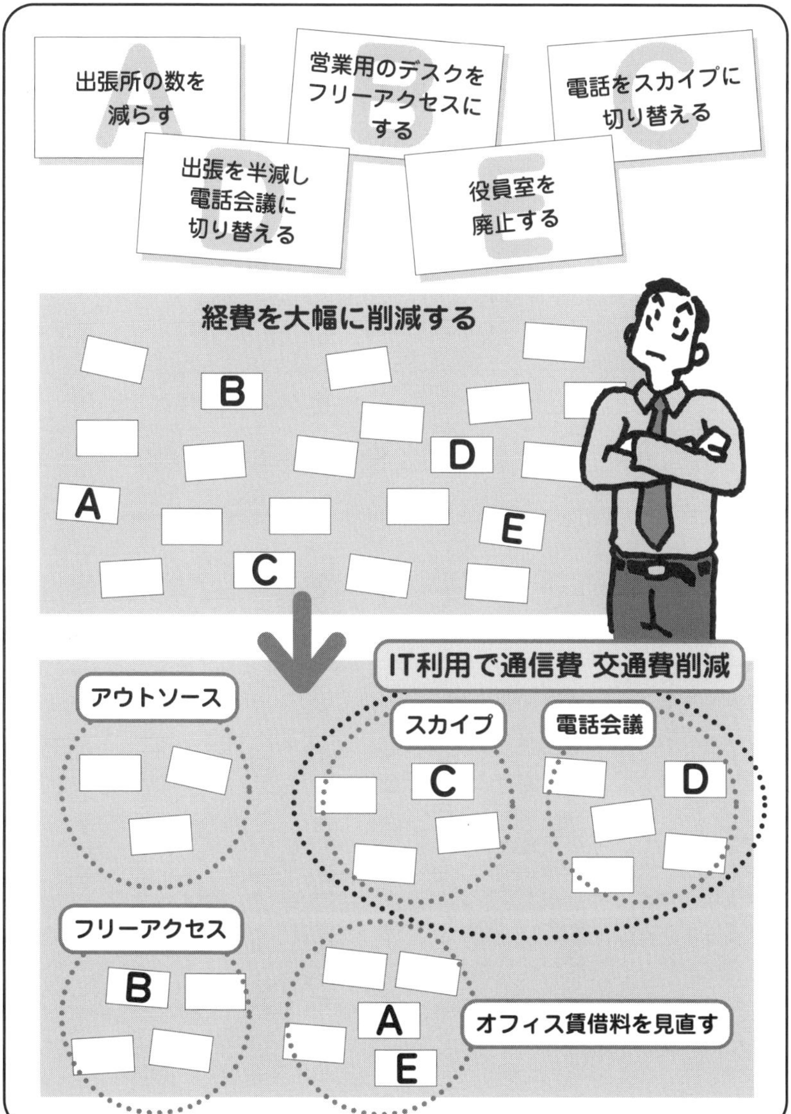
出張所の数を
減らす
営業用のデスクを
フリーアクセスに
する
電話をスカイプに
切り替える
出張を半減し
電話会議に
切り替える
役員室を
廃止する
経費を大幅に削減する
B
D
A
E
C
IT利用で通信費 交通費削減
アウトソース
スカイプ
電話会議
C
D
フリーアクセス
B
A
E
オフィス賃借料を見直す

ゴールを共有して、チームワークを高めよう！

こんな時に使える！

部や課の全体目標だけでは、メンバー1人ひとりの目標が見えにくく、やる気が起こりにくいものです。ゴールツリーは、全体目標を共有しながら中目標→小目標とブレークダウンし、ゴールを個人レベルに落としていくのに役立ちます。

この道具の使い方

1. 全体の数値目標をはっきりと明示する
2. 参加者に意見を求めて、目標達成ための手段をツリー状に展開する
3. モレ・ダブリがないか、目標の関連に矛盾はないか見直し、各枝に目標値を設定する
4. 担当を募り、書き込む

使用例

10%の売上げアップを目標として掲げた機械メーカー。これまでのように個人のノウハウに期待するのではなく、チーム力を活かした営業活動を行ないたいと、メンバーそろってゴールツリーを作成することにした。新規顧客開拓で7%、既存顧客攻略で3%と目標をブレークダウンしたが、それではギリギリ。そこで目標値を高めにして、それぞれ8%と4%に設定し直し、それを達成するための行動を全員でブレークダウンしていった。

さらに使いこなすためのヒント

- ゴールツリーをみんなでつくることで、チームスピリットが生まれます。
- 目標は、1人ひとりのレベルまでブレークダウンしましょう。
- 各自の目標も、測定可能なものにしましょう。
- ゴールツリーは、月に一度は見直しましょう。
- 日常の行動が目標の達成にうまくつながっているかを振り返ってみましょう。

ゴールツリー

- 売上げ10%アップの達成
  - 新規顧客の開拓 8%
    - 新規訪問数 20%UP → 重要顧客リストアップ（田中さん）
    - デモ実演数 10回/月 → デモ手順改良（杉本さん）
    - 見積り件数 20%UP → クロージング研修実施（田代さん）
  - 既存顧客の攻略 4%
    - 顧客訪問回数 4回/月 → アイデア募集（全員3個）
    - 新規提案回数 3社/月 → 提案書パターン化（村田さん）
    - リピート獲得額 20%UP → 別途検討会

アクションを確認して、会議を終えるクセをつける！

こんな時に使える！

会議で決まったこと、アクション事項を確認する時に使います。「会議は4W1Hで終わる」「定例会議のはじめには前回の4W1Hの確認から始める」というクセをつけるだけで、チーム運営にリズム感が生まれます。

この道具の使い方

1．5W1HからWhyを除いた5つをチェック項目とする表をつくる
2．会議中に4W1Hの表を埋めながら議事を進める
3．4W1Hの中でもWho（誰が？）、What（何を？）、When（いつまでに）が最も重要
4．次回の会議で、今回の4W1Hの進捗確認から議事を始める

使用例

役員や部長が参加する会議。当然のように、彼らが気にしている課題に議論が集中している。司会を仰せつかった木村氏は、議論が役員を前にしたスタンドプレーに終わらないように「それはこういうアクション(What)ということでいいですか？」とホワイトボードに1つひとつ書いては確認し、「このアクションは誰（Who）が担当しますか？」「それで山田さん、いつ（When）までにやりますか？」と参加者に問いかけながら会議を続けていった。来週のこの会議のフォローアップでは、このリストの見直しからスタートする。

さらに使いこなすためのヒント

4W1Hは、みんなに見えるように書いていくことが重要です。ホワイトボードでもいいのですが、関係者宛のメールを開いて、そのページを映し出しながら書き出していくと、会議終了後直ちに関係者に発信され、会議のスピードアップが図れます。

4W1H

● それはこういうアクションと
いうことでいいですか？
● この作業は誰が担当しますか？
● いつまでに終わる必要がありますか？
What
when
who

コラム

ファシリテーションの便利な小道具・大道具

ファシリテーションには、知恵を共有するためにいろいろな文具を使います。もちろんホワイトボード・模造紙・ピン・粘着テープ・マグネットなどでいいのですが、最近はいろいろと便利なものが出ています。ということで「ファシリテーターの道具研究会」推薦のこだわりの小道具・大道具を紹介しておきましょう。

●イーゼルパッド

これは縦76㎝、横63㎝の大型のポストイットだと思うといいでしょう。壁などに簡単に張ったりはがしたり繰り返しでき、壁を傷める心配もほとんどありません。

議論したものをドンドン書き出し、みんなが見えるところに張っておくと、たいしたことはないと思っていたことが、後から重要になることもあり、意外な知的刺激があるものです。

●ポストイット

76㎜×127㎜のポストイットはお馴染みですが、最近はA5サイズ（148㎜×210㎜）のポストイットが出はじめました。このくらい大きいと、壁に貼って遠くから見ても読みやすく便利です。

●マーカー

壁に張った紙に書く時に気になるのが裏写りです。しかし水性マーカーだとその心配がありません。「ファシリテーターの道具研究会」のおすすめは、三菱鉛筆のプロッキー。裏写りしないだけでなく、無臭で、いろいろな色が使えます。8色セットを用意しておくといいでしょう。

●デジカメ

1日ワークショップを行なうと、20～30枚程度のイーゼルパッドや模造紙を使うことがあります。壁一面に張られたこれらを記録するのは一苦労。昔は、ファシリテーターやアシスタントがせっせと書き取ったり、パソコンに打ち込んだりしていたのですが、最近はデジカメできれいに記録がとれます。後で使うかどうかわからないものをいちいち書き取るより写しておくほうが便利。細かいところまできれいに撮れて、パソコン上で見れば拡大縮小も自由自在。デジカメによっては、斜め補正機能付きのものがあったのですが、最近メーカーが生産中止しているようです（メーカーさん、復活してください）。ケイタイのカメラも十分役立ちます。

●マルチタイマー

「30分で、この答えを出してください」と時間を切って議論をすると集中できます。そこで重宝するのが、マルチタイマー。指定した時間に音や光、振動などで知らせてくれます。ドリテックやSATO といったメーカーから1000円前後でいろいろなものが出ています。さらに便利なのは、パソコンの画面に逆算タイマーを映し出すソフト。ワークショップの時にこれをスクリーンに映し出しておくと、参加者自らが時間管理してくれます。

●作戦室（ウォールーム）

ただの会議室ではなく、作戦室。窓が少なく、四方の壁に紙を張ったり、画像を映し出したりできる部屋です。最近は、ホワイトボードとして使える間仕切り壁が販売されていますから、これで囲ったコーナーを用意してもいいでしょう。口頭で話し合う「空中戦」をやめ、壁などに書きながら議論する「地上戦」に展開するのに適した部屋（コーナー）で、書いたものをしばらくそのままにしておけるように部外者厳禁とします。何日にもわたって議論を続けたい時に便利です。

第2章

【初級キット】

シンプルに考えるための道具13

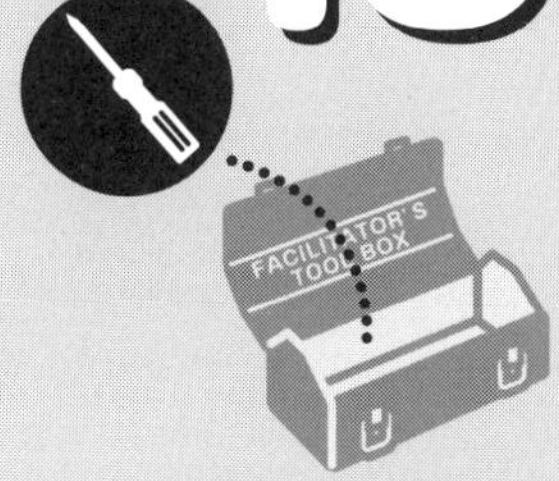

アイスブレークII ● アタマにも柔軟体操が必要です
トークボール ● ボール1つで、話し合いがスムーズに!
コントロール可能・不可能 ● できることに集中させよう!
モア・レス ● かんたんにイメージ共有!
As is To be ● ありたい姿を共有する!
プロコン分析 ● 賛成・反対のワケをぜ～んぶ書き出してみよう!
プロセスマッピング ● ボトルネックを洗い出せ!
ペイオフマトリックス ● 2軸でアイデアを絞り込もう!
日の丸分析 ● 日の丸分析でスッキリ分ける!
ニュースペーパーテスト ● 偽装問題を解決しよう!
マンダラート(Mandal-art) ● 複眼思考で発想を促す!
パレート分析 ● ムダな仕事をやめよう!
振り返りタイム ● 日々の経験から学ぶチームを育てる!

アタマにも柔軟体操が必要です

こんな時に使える!

ちょっと疲れている普段の会議、慣れないメンバーとのプロジェクト。そんな時、気分を変え、前向きのエネルギーを引き出すアイスブレークが役立ちます！　ミーティングのはじめだけでなく、途中でちょっと煮詰まってきた時やお昼ご飯の後の眠気覚ましにも効果的です。

こんな道具がある

●ブレストでGO!

(所要時間：10～20分、人数：10～50人、事前準備：紙と筆記用具)

人数が多い時には、数名ずつのチームに分ける。各チームで記録係を1人決め、ファシリテーターの出した質問に答えるアイデアを記録してもらう。

質問例

スピード違反の言い訳、遅刻の言い訳、丸いもの、休日で思いつくこと、赤いもの、などなど面白い質問を工夫しよう。チーム戦でアイデアの数を競うと盛り上がる。

●漢字テスト

(所要時間：10分、人数：10～50人、事前準備：紙と筆記用具)

人数が多い時には、数名ずつのチームに分ける。面白い漢字テストを出して、個人戦と団体戦を行なう。個人戦2分。団体戦2分。団体戦の前に、どうやればチームでたくさん漢字を書き出せるか作戦タイム（1分）を設けるとチームビルディングにも一役買います。

テスト例

- 心という字の入った漢字いくつ書ける？
  (必、恭、悦などを含むと、なんと400字近くもある！)
- □に2画加えてできる字は？
- 「かし」という読みの漢字・熟語をいくつ書ける？

やった後は集中力が高まっているのを感じるはずです。脳トレにもなる？

アイスブレークⅡ（漢字テスト）

●面白いこと探し

（所要時間：1人30秒、人数：10～50人、事前準備：なし）

1. 「今日は、こんな面白いことがあったよ…」と1人が切り出し、次の人を指名する
2. 次の人も「今日は、こんな面白いことがあった」と続け、次の人に振る
3. 面白いことを見つけられなかった人は「ところで○○はいいねぇ」と気持ちを込めてポジティブなことを言う
4. これを全員で行なう

よかったこと、楽しかったこと、感動したことを参加者全員で言い合うと雰囲気が変わります。ポジティブシンキングが身につくかも!?

さらに使いこなすためのヒント

「研修やワークショップでならできるけど、普段の会議でアイスブレークはちょっと……」と思っているあなた。ここに書いたような問題を考えてくる当番を決めてみてはいかがでしょう？　会議のはじめに「今日のアイスブレーク当番は、高木さんだよね」とやってみてください。定例会議の雰囲気が変わります!!

ボール1つで、話し合いがスムーズに！

こんな時に使える！

発言が少ない時や、誰かが話を独占している時、そこにボールを1つ入れるだけで活性化します！　ルールは簡単。ボールを持った人だけが話し、他の人は聴くこと。こんな簡単なことで、会話にはずみが出るって信じられますか？

この道具の使い方

1. 参加者は、どの場所からでも全員が見えるように座る
2. ボールを持っている人から話を始める
3. 参加者は、ボールを持っている人を見て、集中して話を聴く
4. 話が終わると、次の人にボールを渡す
5. 受けとった人は、何かを話さないといけない

使用例

1. はじめての人が集まった勉強会の冒頭、講師役が1人の参加者にボールを手渡すと、ボールの使い方を説明して、自己紹介を促した。途中から参加者同士ボールを投げ合うようになり、和やかに勉強会がスタートした。
2. 発言が偏っている会議。参加者全員にコメントをしてもらうようにボールを入れる。この場合も途中から、ボールを参加者同士が投げ合うようになり、笑いながら全員参加の会議となった。

さらに使いこなすためのヒント

- 議論が活発でないとボールが放置されてしまいます。そんな時、ファシリテーターは「ボールが止まっていますよ」と指摘してみましょう。
- ボールを投げる時には、相手への気持ち（怒り、賛同など）を込めるように促してみましょう。笑いが広がること間違いありません。
- ボールがなければ、手近にあるペットボトルなどで代用しましょう。

トークボール

クッシュボールというゴム製のボールがよく使われる（右写真）
話す人の意見を聴こうよ！？
ボールを使うと!!
ボールがあるといいぞ！
ボールを持っているから発言します
次は私にボールをください
聴かないと！
傾聴だ！
発言者がハッキリして、スムーズに進みます！

できることに集中させよう！

こんな時に使える！

「できないこと」「変えられないこと」をいくら議論しても時間のムダ。わかっていても、そんな議論をしてしまいませんか？　この道具は、「コントロール不可能」なことより「コントロール可能」なことにチームの意識を集中させるためのツールです。

この道具の使い方

1. 壁のある面に「コントロール可能」、別の面に「コントロール不可能」と大書した紙を張っておく
2. 意見やアイデアを参加者各自にポストイットに書いてもらう（1件1枚）
3. 参加者は、自分のポストイットがどちらに入るべきか判断して貼る
4. アイデアが出尽くしたら、「コントロール可能」の壁に向かって、さらに議論を進める

使用例

小売店チェーンの店長会。100名以上の参加者が10名位ずつテーブルについている。本部からの連絡事項だけでは一方通行なので、各テーブルで「日々の仕事で困っていること」について語り合ってもらうことにした。しかし、愚痴大会にならないようにはしておきたい。そこで、各テーブルに用意したホワイトボードの右3分の1のところに縦線を引き、狭い右側に「コントロール不可能」、広い左側に「コントロール可能」と題記しておくことにした。

さらに使いこなすためのヒント

- 「コントロール可能」vs「コントロール不可能」の代わりに、「できる方法」vs「できない言い訳」や「ネガティブ」vs「ポジティブ」と切り口を変えて見る手もあります。昔話が蒸し返される時には、「過去の話」vs「未来の話」と分けてみるのも効果的です。
- 「コントロール不可能」なことを厳禁する必要はありません。むしろ適度な「コントロール不可能」な話は潤滑剤になることが多いものです。ユーモアを交えてどちらの壁に貼るかを問いかけ、場を盛り上げましょう。

コントロール可能・不可能

グループ名：ROCK YOU
テーマ：「日々の任務を遂行する上で、困っていることは何か？」

「コントロール可能」

- シフトに穴をあける従業員が増えている
- 従業員の躾が悪い
- 販促物が偏っている
- もっと魅力的な商品が欲しい
- マニュアルを勉強しない
- MDが面白くない
- 就業時間が長すぎる
- 休みがほしい
- 後継者がいない

「コントロール不可能」

- 本部の売上目標が高すぎる
- 地域の景気が悪い
- 近くの大工場が移転してしまった

この幅の比率で「コントロール不可能」な話をコントロールしよう

かんたんにイメージ共有！

こんな時に使える！

ビジョンづくりでメンバーのイメージを共有化したい時、単に「将来どうなっていたいですか？」と訊いてもなかなか答えは出ません。そんな時、「今後、増える（べき）もの、減る（べき）ものは何でしょう？」と訊くことで具体的なイメージを共有しやすくします。

この道具の使い方

1. 壁を2つに仕切って、片側に「増えるもの」、もう一方に「減るもの」を書き出せるようにする
2. 20分ぐらい時間を与えて、参加者に増えるものを考えてもらう。参加者の発言をファシリテーターが壁に張った模造紙に書き取っていく
3. 「増えるもの」が終われば、「減るもの」についても同様に行なう
4. 終わったら、全体を見ながら、将来のイメージを共有化する。共有化したものを文章にすると有効

使用例

急成長を続けるベンチャー企業。一見華やかだが、実は人手不足で残業の連続。社長は主要な社員を集めて、ビジョンづくりを企画した。まず「モア・レス」でイメージを聞き出す。この絵姿から想像される未来像は、利益率の高い顧客から選別受注できるプロフェッショナル集団だった。「そうなるために、我々はいま何をしないといけないと思うか？」と社長は問いかけ、社員からの意見やアイデアを募集した。

さらに使いこなすためのヒント

- 「3年後、何が増えていますか？」というように具体的な時期を指定しましょう。
- 「その時点で自分や家族がどうなっているか？」「世の中で何が起っているか？」についてしっかり時間をとって発言させましょう。

モア・レス

増えるもの

- 笑い
- 粗利
- 売上げ
- 社員の数
- 得意先の数
- 電話
- 受注残
- 休暇
- 知名度
- 競争相手
- 給料
- 顧客単価
- 社員教育
- 顧客情報
- 競合情報
- 競合分析
- 計画性の高い行動
- 目標管理
- マニュアル
- 定例会
- フィードバック
- コスト意識
- 計数分析
- 目標の共有化
- 仲間意識
- 専門知識

減るもの

- 残業時間
- 言った言わない
- 顧客からのクレーム
- 突発案件
- 計画性のない行動
- 利益なき受注
- 勝手な思いこみ
- 仕事の押しつけ
- 口頭での指示
- 不公平な評価
- 「社長がこう言っているからやれ」という指示
- 納期ミス
- システムダウン
- 在庫量
- 役に立たない仕事

ビジョンを抽出する

3年後、我々は笑いに満ちたオフィスになっている。社員は各分野のプロフェッショナルとしての誇りを持って働き、すばらしいチームワークを発揮している。売上げは3倍に増加し、収益性の高い事業へと業容シフトが進んでいる。経営に関する計数管理が徹底し、科学的なマネジメントが実行されている。

ありたい姿を共有する！

こんな時に使える！

ビジョンづくりで、現状とありたい将来の姿が混乱しがちな時、明解にメンバーのイメージを引き出し、共有するのに役立ちます。

この道具の使い方

1. 壁を2つに仕切って、片側に「As is(現状)」、もう一方に「To be（ありたい姿)」を書き出せるようにする
2. 20分ぐらい時間を与えて、参加者に「As is」を書き出してもらう。
3. 「As is」が終われば、同じ程度の時間で「To be」についても書き出してもらう
4. 「As is」「To be」として書き出されたものを全員で見比べながら、追加・削除しながら将来のイメージを共有化する

使用例

業績が奮わない加工食品メーカー。このままでは夢が持てないと工場長が中心となってビジョンづくりをすることになった。会議室の壁を左右2つにテープで仕切り、左側に「As is」、右側に「To be」を書くスペースを設けると、社員が現状やそれに対する将来ありたい姿をポストイットに書いては貼り出していった。

さらに使いこなすためのヒント

- いったん書き出した後、みんなで見直しながら添削していく過程でイメージが共有されていきます。この時間を大切にしましょう。
- イメージが共有できたら、「ありたい姿」を実現するためのステップ・戦略・実行プランに議論を導くのもオススメです。

As is To be

As is（現状）

- 賞味期限の管理問題
- 原料コストアップ
- 平均60時間のサービス残業
- 売上げ数量低下
- キアコン主義
（気合いと根性）
- 製造と営業のミスコミ
- J-SOX未対応
- 変わらぬ主力製品
- 見えない会社の将来性
- 顧客の高齢化
（若者に受けない商品）
- 社員教育がない
- 古くさい企業イメージ
- ファミリー企業体質
- 上意下達
- 社員の高齢化

To be（ありたい姿）

- コンプライアンス違反が再発しない経営文化の確立
- ファミリー企業体質からの脱却
- 全員参画型経営
- 若者向け新商品開発で売上げの30％を稼ぐ
- 営業がリードする製品開発
- 科学的経営
- ヒット商品で企業イメージアップ
- 入社希望者が続出
- 海外での売上げ25％

このギャップについて目標を立てアクションプランをつくる

賛成・反対のワケをぜ〜んぶ書き出してみよう!

こんな時に使える!

賛成か、反対かというシンプルな合意形成でもけっこう決まりません。プロコンは、賛成意見（プロ）と反対意見（コン）を列挙してチームの意思決定を促す簡単でパワフルなツールです。賛成・反対の理由を全員で共有することで、決定事項への納得感と当事者意識を高めます。

この道具の使い方

1. ホワイトボードの中央に縦線を引き、そして左側上方に＜賛成＞、右側に＜反対＞と題記する
2. ある案について、採用すべき理由やメリットを全員でブレスト（p.30参照）し、ホワイトボードの左側に書き出す（15〜30分）
3. 次に、反対すべき理由やデメリットを全員でブレスト、ホワイトボードの右側に書き出す（15〜30分）
4. 賛成・反対両方を見ながら、比重が同じと思われる項目をそれぞれの側から消し込んでいく
5. 残った項目を見ながら、結論を出す

使用例

ある人材サービス会社の営業部では、コスト削減の施策として営業担当のデスク共有化が検討されていた。直行直帰で仕事しているから問題ないという支持派と、社内で仕事をしたい時に席がなかったら困るという不支持に意見が分かれている。そこで、全員で賛成意見と反対意見をホワイトボードに書き出していった。

さらに使いこなすためのヒント

全員で時間を決めて賛成側・反対側の意見を考えさせるところがミソです。このロールプレーで意見を口にしやすくなり、参加者の間で論争にならずにすみます。ディベートが苦手な日本人向きです。

プロコン分析

板書例

テーマ：デスクの共有化の是非

プロ（賛成）

- コストを削減できる
- フロアが広くなる
- スッキリする
- 机の上に散乱している書類がなくなる
- きれいになる
- どうせ使ってない

コン（反対）

- 机を使う順番が心配
  →月末とか忙しいはず
- 使いたい時使えないと困る
- 社内に居場所がなくなる
- 私物が置けない
- 勤怠管理ができない
- 会社に来なくなる人がいるリスク

ディベートせずに、一緒に考えるところがミソ

ボトルネックを洗い出せ！

こんな時に使える！

生産性を改善したい時、問題が発生しやすい工程を見つけたい時、仕事の流れをみんなでマッピングしてみましょう。プロセスの「見える化」です。全体の中でボトルネックを探したり、その解決策を見つけるのに役立ちます。

この道具の使い方

1．改善したいプロセスの始点と終点を決める
2．関係者に集まってもらい大きな壁面などを使って、大づかみにプロセスを描き出す
3．大づかみに描き出したら、注目したい部分を見つけ出し、必要に応じてさらに詳しくマッピングする
4．そのボトルネックを解消する方法をブレスト（p.30参照）する

使用例

個性豊かな特注バイクを販売するチェーン店。この会社では、注文書をいったん営業本部にファックスし、営業本部はそれを見て工場に生産依頼書を出していた。営業部員は、できるだけ早く工場に依頼するためオフィスワークに追われていた。店員と営業本部、工場の担当者が集まってプロセスマッピングをしたところ、右図のようなプロセスが描き出された。調べてみると、各ショップから来る注文書は書式が変わるだけで、その内容はそのまま工場への生産依頼書に記される。「それなら、いっそ直接販売店から工場に生産依頼すれば納期の大幅短縮ができるのではないか？」このアイデアで注文書を兼ねた生産依頼書を用意し、各チェーン店から直接、工場と営業本部に並行してファックス発信するようにプロセスを変えることにした。これによって、製品が顧客に届くまでのリードタイムが短縮し、営業も日々の注文書処理に追われず、外回りに使える時間が増えた。

さらに使いこなすためのヒント

●「現状のプロセス」と「ありたいプロセス」が議論を進める中で混在しな

プロセスマッピング

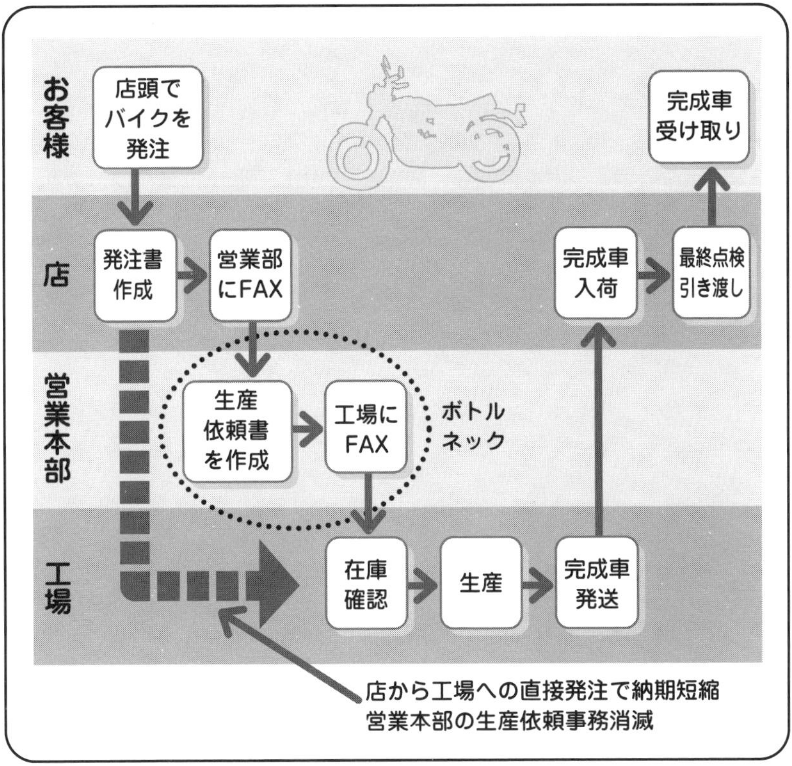

いようにファシリテーターは注意しましょう。

- マニュアルを書き写すのではなく、実際に起こっていることを描き出しましょう。
- ポストイットなどを使って描いておくと、新しいプロセスを施行錯誤するのに好都合です。

2軸でアイデアを絞り込もう!

こんな時に使える!

出てきたたくさんのアイデアから、どれを選んで実行するかをできるだけ、合理的に判断したい時に役立つのがこのペイオフマトリックスです。判断基準を2つ選んでアイデアを評価し、2軸で可視化して意思決定を促します。

この道具の使い方

1. 提案を評価する重要な軸を2軸選び（一般的には、「効果の大きさ」vs「コスト」）、模造紙にそれらを軸にしたマトリックスをつくる（右上に優先順位の最も高いものがくるように軸を選ぶこと）
2. ポストイットにアイデアを1件1枚で書き出す
3. そのポストイットをマトリックスの中に貼りつけながら、位置づけを議論する
4. 一番右上のものから順次目標が達成するところまで選定する

使用例

1. プロジェクトメンバーで、問題解決策を出し合った。効果があることはもちろんだが、実現までのスピードが重要であるため、この2つを軸にアイデアを絞り込むことにした。
2. 営業の事務経費の削減策を募集したところ、アイデアはいろいろ出た。そこで、選定のために費用対効果でマトリックスを作成し、提案者全員で話し合って優先順位をつけることにした。

さらに使いこなすためのヒント

効果やコストの大きさを厳密にはじき出すのは時間がかかります。あまり厳密に考えずにさっさと一度提案をマトリックスの上に並べてみましょう。それで、かなりふるいにかかります。詳細な検討は、その後で十分です。

ペイオフマトリックス

テーマ：○○を実施する優先順位
もう一工夫
できれば
採用するゾーン
採用ゾーン
採用するには
スピード・
効果に
問題があるゾーン
大
効果の大きさ
小
遅い
実現までのスピード
速い
これだ!!
すごい
アイデア!

日の丸分析でスッキリ分ける！

こんな時に使える！

定義や役割が混乱している時、イン（含まれる）とアウト（含まれない）でスッキリと図解して、共通の認識を得るのに役立ちます。

この道具の使い方

1. 模造紙に右図のように日の丸を大きく書いて壁に張る
2. 紙の上部にテーマを書く（「マーケティングの仕事」など）
3. 参加者各自が、ポストイットなどに書いたものを日の丸の中（イン）か、外（アウト）かを判断して貼りつけながら、議論する

使用例

役割分担の論争が絶えない、あるチェーン店。「それはマーケティングの仕事だろう」「いや、商品企画がやるべきことだ」と、この日も不毛な論争をしている。ベテランの社員が「マーケティングとは……」と説教するが若手社員は「そんなこと言われたってできないものはできないでしょう」と聞く耳を持たない。ある日、右図のような絵を描いて、関係者を集めて議論させ、当事者同士に「争点になっている役割（行動）」について共通認識をつくった。

さらに使いこなすためのヒント

できるだけ「行動レベル」で具体的に書いてもらうと抽象論にならず、話がまとまりやすくなります。たとえば、「競合分析」ではなく、「毎週、競合店に行って売れ筋商品を調べる」といった具合。実務につながり、関係者の不満が解消します。

日の丸分析

マーケティングの仕事
イン
アウト
毎週、売れ筋動向を調べる
広告の効果を調べる
店での売り方を指導する
in?
OUT?
in

偽装問題を解決しよう!

こんな時に使える!

年金・建築・電気器具・自動車・食品・介護とさまざまな事業で、品質偽装問題が発覚し、組織ぐるみの不正事件が後を絶ちません。しかし、他人ごとではありません。みなさんの組織でも「これってやっていいのかな?」と疑問を感じながら仕事をしたということはありませんか? そんな時にこの「道具」が役に立ちます。

この道具の使い方

1. 当たり前にやっていることの中で、「これっていいのかな?」と思うことを出し合う
2. 関係者と一緒に、「明日の全国紙の一面にこれが出たら、どうなるかな?」と話し合う(15〜30分)
3. 「大変なことになる!」と思ったら、上司に報告して、上司と一緒にニュースペーパーテストをやってみる

使用例

ある食品メーカーに勤めるパートの桂さん。自分の担当する工程に疑問を感じ、上司に相談したところ「君はそんなこと気にせず、言われたことをやっていればいい」と言われてしまった。仲間のパートさんとニュースペーパーテストをやってみると全員がこれはマズイと感じ、パソコンで合成して新聞記事をつくり、「こんな記事が出たらどうします?」と上司にもう一度アプローチしてみることにした。

さらに使いこなすためのヒント

言葉で想像を促すよりも、実際に記事が出た状況をイメージできるようなモノ(「偽装記事」など)を用意すると効果的です。百聞は一見にしかず!

ニュースペーパーテスト

複眼思考で発想を促す!

こんな時に使える!

大きなテーマと、同時に考えたいサブテーマが複数ある時、偏りのない創造的な議論を引き出すのに有効です。メインテーマから視点を外さずに、4～8つのサブテーマを同時に書き出していくので参加者が全体像を鳥瞰できるようになり、思わぬ関係性に気づくこともあります。

この道具の使い方

1. ホワイトボード(模造紙)の真ん中にテーマ(文字・イメージ)を大きく書く
2. 意見を板書する時は全体のレイアウト(4分割、9分割などのイメージ)を頭に描き、必要に応じてサブテーマ名を分割した枠に書いておく
3. 真ん中のテーマと枠の中にあるキーワードをヒントに、気づいたアイデア・意見を書き出していく。それぞれの関係性を色で表現したり、矢印でつなぐと新しい発想が引き出せる

使用例

「これからのビジネスパーソンに求められるものは?」というテーマで会議をした。「スキル」と「マインド」というサブテーマを掲げ、気づいたことからドンドン議論。ファシリテーターが枠を意識して板書してくれるので「スキル」と「マインド」を同時に議論しても混乱しない。そのうち、空いていた2つの空間に、それらを「鍛えるアクションプラン」が集まりはじめた。

さらに使いこなすためのヒント

一般的なサブテーマとして、以下のものが役立ちます。「経緯」「現状」「ありたい姿」「課題(現状とありたい姿のギャップ)」「仮説」「組織のリズム」「決定事項」「アクションプラン」など。

マンダラート（Mandal-art）

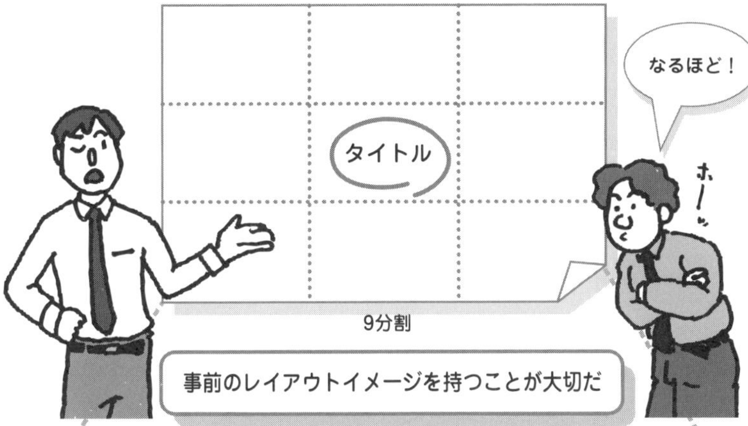

※ レイアウトのパターン（4分割、6分割、9分割）を考えて
ホワイトボードに描いていこう。

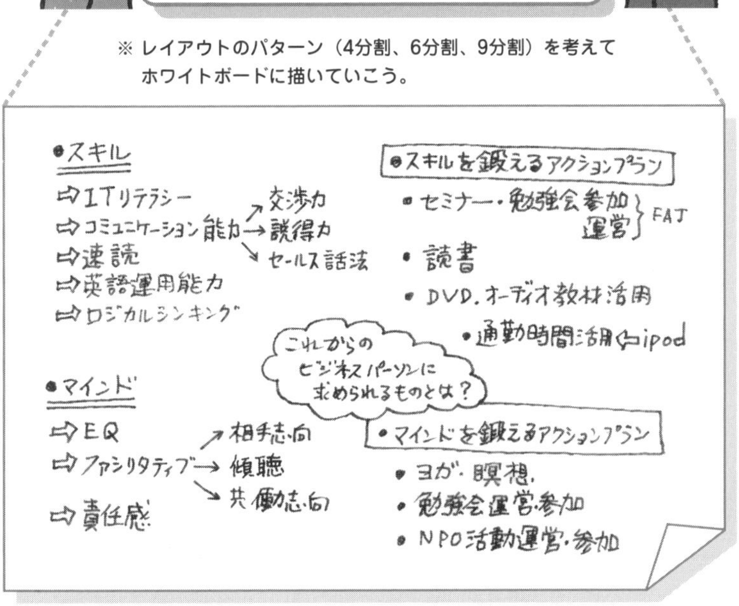

※ 4分割で行なった場合の例。

＊ マンダラート（Mandal-art）は今泉浩晃氏が開発したものです

ムダな仕事をやめよう！

こんな時に使える！

一見必要そうだが、実はムダな仕事は雑草のように生えてくるものです。パレート分析は、時間がなくて困っているチーム、優先順位づけで悩んでいる人の特効薬です。結果の8割は原因の2割がつくっているというパレートの法則（例：売上げの8割は、2割の商品で構成されている）をあなたのプロジェクトにも使ってみましょう。

この道具の使い方

1. 扱いたい課題のデータ（データがなければ意見の量・強さ）を用意し、大きさの順に並べ直して棒グラフにする
2. データがない場合は、チームでどんな仕事があるかリストアップし、そのリストの中で重要度が高いと思われるものに全員で投票する
3. 得票数の多い順番に並べ直す
4. 得票数の低い仕事について、①やめる、②外部化する、③減らすの順番で対策をブレスト（p.30参照）する

使用例

あるお菓子会社の営業会議。売上げが伸びない原因をブレストしてリストを作成した。そのうえで、全社員・パートさんに重要と思う項目に投票してもらい、その得票数でリストに優先順位をつけパレート分析をした。この結果をもとに、得票数の低い仕事を思い切ってやめ、そのリソースを得票数の高いものに集中させることにした。

さらに使いこなすためのヒント

- データのないものでも、意見を集約することでパレート分析はできます。工夫してみましょう。
- 優先順位が見えてきたら、低いものをやめるという決断を促しましょう。この決断をするかどうかがポイントです。

パレート分析

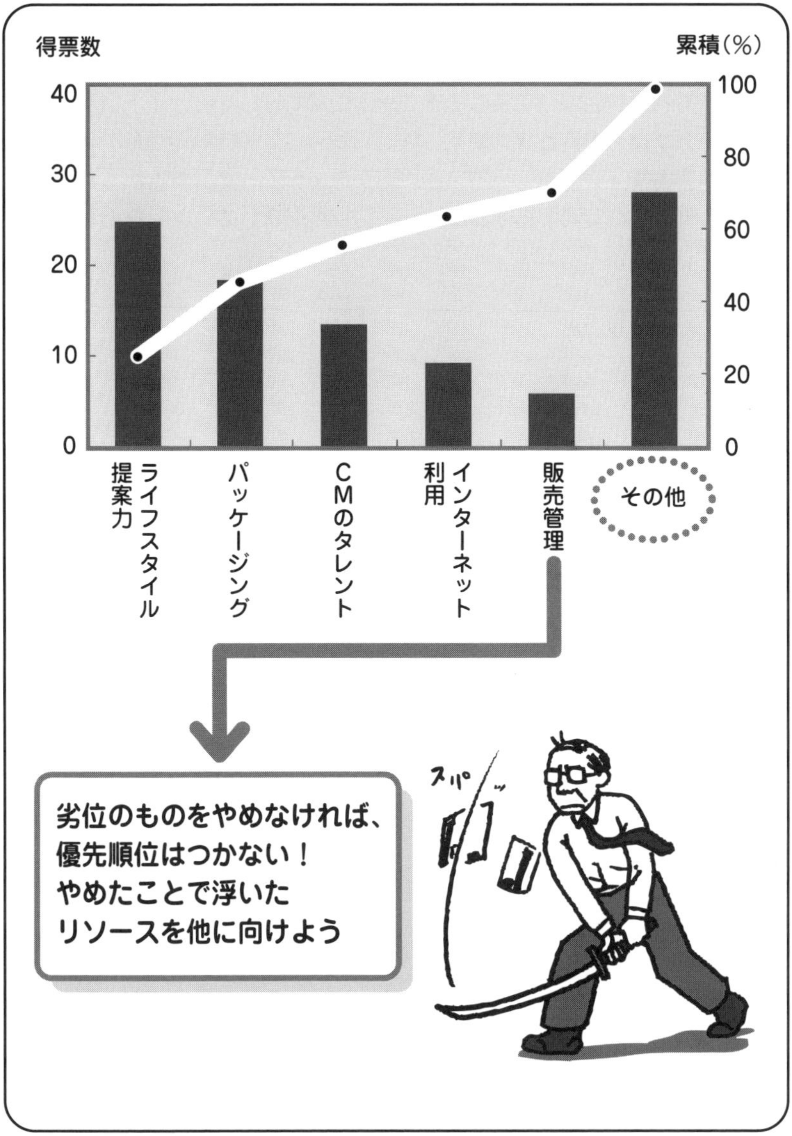
得票数
累積(%)
40
30
20
10
0
100
80
60
40
20
0
ライフスタイル提案力
パッケージング
CMのタレント
インターネット利用
販売管理
その他
劣位のものをやめなければ、
優先順位はつかない！
やめたことで浮いた
リソースを他に向けよう
スパッ

日々の経験から学ぶチームを育てる！

こんな時に使える！

いつまでも同じ間違いを繰り返すチームもあれば、過去からドンドン学んで業績を上げるチームもあります。「振り返る」スキルは「学習するチーム」をつくる第一歩。PDCAサイクル*のC・A（検証・改善作業）です。時々振り返る時間を持つことで、パフォーマンスの向上、ナレッジ共有などが促されます。

この道具の使い方

1. 1日の終わり、1週間の終わりなどにちょっとした時間をとって『振り返りタイム』を持つ習慣をつくる（10〜15分）
2. チームに振り返りを促す質問をする（ヒント参照）
3. 発言をホワイトボードに書き出していく
4. 今後のチーム活動にアイデアを反映させる（計画／役割の調整、グランドルール（p.26参照）の追加など）

使用例

あるコンビニ。これまで前年比で業績が下がりぎみだったが、今年からパートさんの交代時に10分間の「振り返りタイム」を持つことにした。店裏の小さなコーナーで、気づいたことをパッパッと話し合い、ノートに書き留めていく。やりはじめてから半年。この習慣を続けているだけで、パートさんの観察力が増し、店に活気が戻ってきた。

さらに使いこなすためのヒント

こんな質問をしてみましょう。

「もっとこうしておけばよかった、ということはありませんか？」
「あなたが○○さんの状況だったら、どうしますか？」
「これまでのプロセスを振り返ってみましょう。こうすると、もっと機能したのではないかと思うアイデアはありませんか？」
「チームを成功へ導いた要因は何だったのでしょうか？」
「どうすれば○○の失敗を回避できたでしょうか／失敗を次にどう活かしますか？」

振り返りタイム

笑顔が増えたので、
店が明るくなったと言われた！
この調子でガンバロー！
あんな商品を
並べたほうが
いいと思うな
ボクがもう少し
積極的に発言したほうが
よかった
女性専用コンビニに
したほうがいいかも
よかったこと
悪かったこと

1日の終わりにちょっと振り返る、
そういう習慣をつくろう！

＊ Plan（計画），Do（実行），Check（検証），Action（改善）の頭文字をとったもの。継続的に改善を進めるサイクル。

自分自身をファシリテートしてステップアップしよう

チームの力を引き出すのがファシリテーションですが、そのマインドやスキルを自分自身に適応すると自分のステップアップに役立ちます。私自身、ファシリテーションを意識するようになって自分自身が変わってきたと感じています。

●困ったらプロセスを分析する

早朝ジョギングを日課にしようと何度もトライしたのですが、いつも1～3か月で挫折していました。そこで挫折するプロセスを書き出してみると、「今日は風邪気味」「走りすぎて膝関節が痛い」「仕事の締切りに間に合わない」といった理由がほとんどでした。では、こうならないためにどんな「力」を生み出せばいいのか？　まず、抵抗する力を小さくする。すなわち「風邪を引きにくいようにする」「膝関節が痛みにくいように走る」ためにどうしたらいいか。また、どんな新しい「力」を探したら継続する力になるのかを考えるわけです。そこで、ひとりブレスト。

●歩きながらひとりブレスト

通勤時や出張時に、意識的に1人でブレストします。目に入るもの、耳に聞こえるものすべてをきっかけに、「風邪を引かない方法」「膝関節を痛めない走り方」「締切りを回避する方法」を思い浮かべます。答えが見つからないと嘆くのではなく、突飛なアイデアを出すことを楽しむ気持ちで、街を歩きながらひとりブレストすると、いろいろなアイデアが出てきます。時々立ち止まって書き留めていきましょう。このクセをつけるとアイデアマンになれます。「風邪を引きにくくするため免疫力を高めるエキナセアを飲む」「膝関節への力を和らげるシューズを選ぶ」「マフェトン理論を取り入れて走り方を工夫する」などのアイデアが出てきました。

●落ち込んだら「コントロール可能・不可能」

それでもいろいろなことがうまくいかず、落ち込む時が誰にでもあります。そんな時は、ノートの見開きを使って、左側に「コントロール可能」、右側に「コントロール不可能」と題記して、ドンドン書き出してみましょう。落ち込んでいる時は、きっとコントロール不可能なことをウジウジと考えているはずです。それよりも、コントロール可能なことをもっと書き出して、それに集中すると、元気になれます！

●集中できない時にはパーキングエリア

集中しようとしていると、テレビの番組や帰りの買い物、別の仕事の締切りや来週のスケジュールが気になって、目の前の仕事に集中できないことがありますね。会議でも、本論以外の話題が出て困る時、パーキングエリア（PA）が役立つと書きましたが、1人の時も同じです。机の上にPAと書いた大きめのポストイットを置いておきましょう。目の前の仕事以外のことをそこにメモするだけで集中力が高まります。

●自分自身を観察することに積極的になる

夜、寝る前の10分を振り返りタイムに当ててみてはどうでしょう。朝からの出来事をざっと思い出し、「失敗の原因は何か？」「なぜ、うまくいったのか？」「今後に、その教訓を活かすにはどうしたらいいか？」「尊敬する○□先輩だったらどうしていただろう？」と自分に問いかけ、気づいたことがあれば、手帳に書き留めておく。この習慣を続けるだけで、あなたは成長を続けられます。

●自分のグランドルール

振り返っていて、ある日「あれをしなければ、これを今日中にやらなければ」と考えることがストレスのもとになっていることに気づきました。そこで、私のグランドルールの中に「『これを今日中にやってしまえば、さらに成長できるんじゃない』と考え直すこと」を加えました。これだけで、驚くほどストレスが減りました。私のグランドルールには、それ以外にも、「他者の意見から構築する」「アイデア∞」「楽観する意志」などがあります。続けていると、それが性格になっていきます。

第3章

【中級キット】

愉快にロジカルに進める道具16

- チームビルディング　一体感を高めよう！
- 一言チェックイン・チェックアウト　会議の集中力を高めよう！
- W／Cシート　コミットメントを引き出す！
- ワールドカフェ　人数が多くても話し合える、深められる！
- 2分割リフレーミング法　視点を切り換えよう！
- ロジックツリー　モレなくダブリなく問題解決！
- フィッシュボーン（石川ダイアグラム）　魚の骨で体系的に問題解決！
- マインドマップ®　楽しくみんなで発散しよう！
- できていることチェック　次のアクションが自然と出はじめる！
- タンク　レベルを変えたい時に使ってみよう！
- リーダーズ・インテグレーション　リーダーと部下の距離がグーンと縮まる！
- ジョハリの窓エクササイズ　他人の目に映る自分を知ることで、ジャンプ！
- メンバーの取扱説明書　これで空気が変わる！
- オポチュニティマッピング　戦略的視野を共有する！
- PREP法　ロジカルに聞こう！ 話そう！
- n/5投票法　サッサッと絞り込んで先に進もう！

一体感を高めよう！

こんな時に使える！

新しく組織編成された時、プロジェクト活動やワークショップでチームの一体感を盛り上げたい時、体を使ったアイスブレークが役に立ちます！ ミーティングを始める時だけでなく、ちょっと煮詰まった時に、思い出したようにやってみると効果的です。

こんな道具がある

●ペアで道案内

（所要時間：10分、人数：4〜20人、事前準備：目かくし）

1. 2人1組のペアを組んでもらう
2. 一方が目かくしし、他方が声だけで道案内する（部屋の中でやる時には、イス・机などの障害物をよけながらゴールに案内する）
3. 終わったら、「言葉のコミュニケーションはどうですか？」「相手を信頼できましたか？」と問いかけながら振り返ってみよう

●ペーパータワー

（所要時間：20分、人数：10〜20人、事前準備：A4サイズの紙）

1. 数人ずつのチームに分け、各チームに50枚程度のA4の紙を与える
2. 道具は一切使わず、与えられた紙だけを使って1分でタワーをつくり、高さを競わせる
3. スタートする前に、10〜15分程度の作戦タイムを与える
4. 作戦タイムでは、1枚だけ紙を使うことを許す
5. 終わったら、楽しく結果を比較。比較中に倒れるタワーがあったりすると盛り上がる
6. 終了後、作戦タイムの使い方、グループディスカッションのやり方などを振り返らせるところがポイント。「もう一度やるとすると、作戦タイムをどう使いますか？」「それは普段の仕事の仕方に応用できますか？」とファシリテーターは問いかけてみる

チームビルディング（ペアで道案内）

●ラインナップ

（所要時間：10分、人数：20〜50人、事前準備：なし）

1．参加者を数名ずつのチームに分ける

2．全員立ち上がって、チームごとに1列に並んでもらう

3．参加者の「下の名前の50音順」「生まれ月日の順」「今朝の起床時間順」などとファシリテーターが指示を出し、チームが並び替わる時間を競う。はじめは「背の高さの順」など簡単なものから始め、しだいに難しいもの（「手のひらの長さの順」「ケイタイの電話番号順」など）に移るとスムーズに進む

4．勝った・負けた要因を振り返る過程で、みんなが進んで協力し合うことの大切さや、リーダー、フォロワーの役回りを体感してもらう

会議の集中力を高めよう!

こんな時に使える!

ダラダラした立ち上がりの悪い会議を一掃し、集中度の高い会議を実現したい時に役立ちます。終了時に参加者のオーナーシップを確認することにもなります。

この道具の使い方

1. 会議が始まるとすぐに「いまの気持ち、この会議で何を達成したいか、会議終了後のイメージなどを全員から一言ずつ（10秒〜30秒程度）お願いします」とファシリテーターが問いかける
2. 会議終了時には「いまどんな気分か、当初のイメージ通りになったか」を全員に一言コメントしてもらう（30〜60秒程度）

使用例

1. 定例会議がダラダラした気分になっていると感じた沖氏は、「今日は、一言チェックインから会議を始めます」と切り出した。会議終了時には、今度は「それでは終わる前に一言チェックアウトお願いします」と告げて見回した。はじめは参加者も当たり障りのないチェックイン・チェックアウト発言をしていたが、これを毎回続けるうちに、参加者も心の準備をしはじめ、1か月後には定例会議が締まりのあるものに変身していた。
2. ブレストの参加者はほとんどが初対面。当然、意見も活発に出にくい。そこでアイスブレーク代わりに、一言チェックイン。「いまは天気で言うとどんな気持ちですか？」「終わった時の天気は、どうだといいですか？」とファシリテーターが問いかけ、この問いに参加者のアタマが「なんて答えようか」と急に活性化した！

さらに使いこなすためのヒント

- 喩えを問いかけるなどの工夫をすると、アタマが動きはじめます。
- 繰り返し行なうことが大切です。会議室の中に「一言チェックイン・チェックアウト」と書いて張っておくのはいかがでしょう。
- 定例会議では、毎回同じ質問をして記録しておくのもいいでしょう。

一言チェックイン・チェックアウト

やわらかいタッチで一言チェックインを
促すには、少し質問を工夫してみるといい。
たとえば、
「いまの気分を色で言うと、何色？」
「あなたを動物にたとえると、何？」

俺は
何たって「黒」だな。
さっきちょっと
気分が悪いことが
あったんだ。
私は、
これから考えるから
「白」かな。
僕は、
よくわからないけど
「青」かな。
青が好きだし（笑）

コミットメントを引き出す！

こんな時に使える！

メンバーのコミットメントを高めたい時、進んで協力し合う環境を生み出したい時に効果的です。

この道具の使い方

1. メンバーに右図のように「得たいこと」「貢献できること」と印刷された「W/Cシート」（Wants / Commitmentシート）を配る
2. 「これから1年、あなたが得たいことは何ですか？　1つ挙げてください」と問いかけ、紙の左側に書いてもらいます
3. 続いて「チームのゴールに向けて、あなたが貢献できることは何ですか？　1つ挙げてください」と問いかけ、書き加えてもらう
4. 自分が書いた紙を周りのメンバーに見せながら、1人ずつ「得たいこと」「貢献できること」の順に発表してもらう
5. 後で「貢献できること」を思いついたら、追加で発表してもらう

使用例

ある会社の社員会の新年度委員「初顔合わせ会」で、進行役の福利厚生担当者は、自己紹介代わりに、各自の「得たいこと・期待すること」、そして「貢献できること」を話してもらうことにした。各自の希望・要望が明らかになるとともに、意外な得意分野を持っている人がいることがわかったりした。その年の社員会主催の「グループ会社対抗ボウリング大会」はオリジナリティに溢れた熱い雰囲気の中開催された。全国から集まった方々からも「仲間と一体感が味わえた」「久々に燃えた」という感想が寄せられ、グループ全社の一体感醸成に大きく貢献した。

さらに使いこなすためのヒント

- いったん書いてから自己紹介してもらうようにしましょう。
- 飲み会の席などでも、用紙を用意しておくとけっこう使えます。
- 素直に書いてもらえるような雰囲気づくりを工夫しましょう。

W／Cシート

Wants（欲求・希望）
〜得たいこと〜
〜期待していること〜

会社がつまらない。
楽しいイベントが
増えたらいいな！

Commitment（約束）
〜貢献できること〜

司会は、ぜひ私に
任せてください。
学生時代にいつも
やってました。

Wants（欲求・希望）
〜得たいこと〜
〜期待していること〜

本当は、
彼氏を見つけたい♥

Commitment（約束）
〜貢献できること〜

こう見えて、
エライ人とも平気で
仲よくなれます。

人数が多くても話し合える、深められる！

こんな時に使える！

あるテーマについて、数十人から数百人（！）の人を集め、広く、しかし表面的にならないように意見交換をしたい時に効果的です。準備も簡単です。10人以下と、人数が少ない時には心を開いてテーマを深く議論するのにも使えます。

この道具の使い方

1. 4〜5人単位で座れるテーブルを用意し、各テーブルには、カラフルなマーカーと模造紙を1〜2枚開いておく
2. 参加者全員にどこかのテーブルに座ってもらう
3. 5〜10分間で全員が話し終わるようにお願いし、話し合うテーマとキーになる質問をアナウンス。いっせいに会話をスタートする
4. 会話のポイントを、各自テーブルの上に広げてある模造紙に、カラフルなマーカーを使って書き残す
5. 時間がきたらそのテーブルのホストを決め、ホスト以外は別の好きなテーブルに移動する
6. 移動したら、ホストが第1ラウンドの会話を2〜3分で共有して第2ラウンドスタート。5〜10分かけて新しいメンバーと話を深める・広める
7. 終わったら新たにホストを決めて、全員移動。このプロセスを数回繰り返す

使用例

職場を活性化するファシリテーションの事例や体験を共有しようと、いろいろな分野で活躍しているファシリテーター120人がある市民会館に集まった。広い会場には、20余りのテーブルを島状に配置。各テーブルには模造紙が広げられ、その上に8色のマーカーが1セットずつ置かれていた。120人の参加者はお互いほとんど知らない同士だが、三々五々着席する。全員の着席を促した後、司会者はワールドカフェの狙いと進め方を簡単に説明すると、「最近うまくいったファシリテーションの事例や、日頃の悩みを

ワールドカフェ

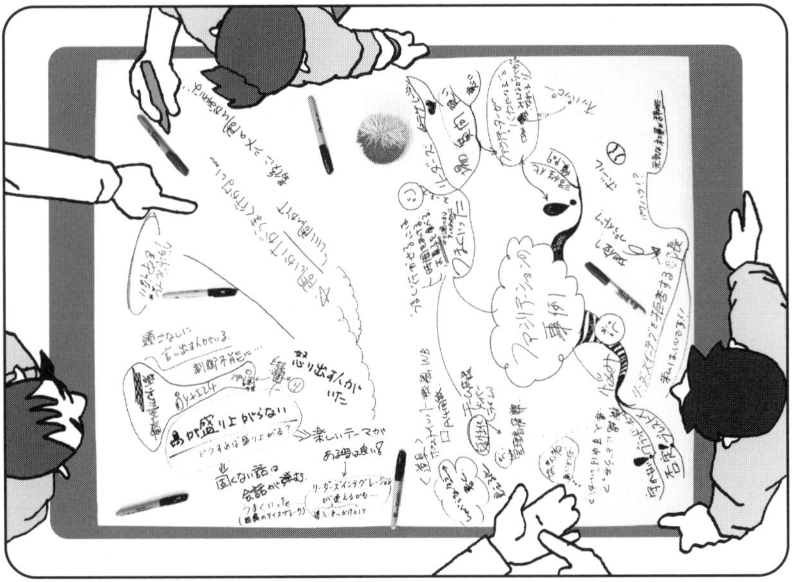

各テーブルで話し合ってください」とテーマをアナウンスした。会場はあっという間に話し声で満たされ、瞬く間に第1ラウンドが終了した。1時間半後、4ラウンドを終了した参加者は、面白い事例と同じ悩みを持つ多くの仲間に接し、強い共感を持つようになっていた。

さらに使いこなすためのヒント

- 各ラウンドは長くても15分以内程度にして、時間をうまくコントロールしましょう。
- テーマだけでなく、キーになる質問を用意しておくと話が深まります。
- トークボール（p.44参照）などを使って、各テーブルの話を促すと効果的です。

　さらに知りたい人のためのサイト：http://www.theworldcafe.com

視点を切り換えよう！

こんな時に使える！

「となりの芝生は青い」と言われるように、どうしても他社のいいところが目につき、自社品の悪いところが気になるのが人情です。そんな時、視点を切り変えて元気を盛り上げるのに2分割リフレーミング（reframing）* 法が使えます。

この道具の使い方

1. 検討したい製品やサービスを選ぶ
2. 2分割したホワイトボードの右側に、チームで、他社の優れた点（＝自社の劣っている点）を列挙していく（15〜20分）
3. ホワイトボードの左側に自社の優れた点（＝他社の劣っている点）を列挙していく（15〜20分）
4. 自社の訴求点を十分に確認した後、こうすればもっと売れるという点をブレスト（p.30参照）する

使用例

化学中間品を扱うH社。営業担当の多くが競合のM社の製品より自社品の方が単価も高く、性能的にも劣ると考えている。そこで、製品本部長の大杉は、営業部員を集め、マーケティングや技術開発の担当者を交えて、この製品を理解するためのワークショップを開いた。案の定、営業部員たちは、『競合品の強み』『自社品の弱み』というフレームワークでモノを見ている。それを2分割法でいったん明確にした後、そのフレームを切換えて議論を促した。

さらに使いこなすためのヒント

自分たちがどんなフレームでモノを見ているかは普段あまり意識していないものです。ファシリテーターは、その見えないフレームを「見える化」して、リフレーミングを促しましょう。

2分割リフレーミング法

競合品の強み

- 安い価格
- 性能的に優れた特徴がある
- 顧客対応がいい
- 品質の安定性がいい

自社製品の弱み

- 高い価格
- 性能的に劣る
- 顧客対応が悪い
- 品質がクレーム多い

フレームを変えると
意識も変わる

競合品の弱み

- 効果を出すのに量が必要
- 原料在庫が増える
- 訓練に時間がかかり、顧客の生産性に悪影響
- 環境負荷が高い

自社製品の強み

- 少量で効果がある
- 在庫量を減らせる
- 性能のバランスがいい
- 混ざりやすく顧客の生産性に効果がある
- 顧客製品の機械的性質に悪影響を与えない
- 顧客製品の表面正常に悪影響を与えない
- 環境にやさしい

＊**リフレーミング(reframing)：モノの見方のフレームを切り換えること。**
たとえば、「コップに半分しか水がない」→「コップに半分も水がある」
リフレームできると意識が変わります。

モレなく ダブリなく問題解決！

こんな時に使える！

課題解決を図る時、いきなり「答え」に飛びつくのではなく、考える手順を明解にするとみんなの知恵を集めることができます。ロジックツリーは、「モレなく・ダブリなく」を合い言葉に、階層を追って解決策をロジカルに考えていくパワフルなツールです。

この道具の使い方

1. 課題をホワイトボードの左上に書き出す
2. いきなり解決策をブレスト（p.30参照）するのではなく、「モレなく・ダブリなく」階層を追って右に展開していくようにファシリテートする
3. 2〜3階層深めた段階で、具体的な行動レベルの解決策をブレストする

使用例

三日坊主で終わるクセのあるベンチャー企業。プロセスコンサルタントの安達氏は、この会社の社長からチームの行動力を高めるためのワークショップを依頼された。会社員を集めたワークショップの冒頭、安達氏は、課題をホワイトボードに書き出すと、その第1層目として「外部の力を利用する」「内発的な力を利用する」という枝を出し、この2つの概念が「モレなく・ダブリなく」ということだと説明した。「さてみなさん、いきなり、『ノルマを課す』とか『マイルストーンをつくる』と『答え』に飛びつくのではなく、まず『外部力の利用』をモレなく・ダブリなく分けてみてください」と説明すると、参加者から意見を引き出していった。

さらに使いこなすためのヒント

- いきなり望遠レンズで「答え」に視点を移すのではなく、広角レンズで課題をながめて「モレなく・ダブリなく」解決策のエリアを絞り込んでいきましょう。
- すぐに「答え」が出てきてしまったら、そのアイデアをいったんパーキングエリア（p.28参照）に待避させましょう。

ロジックツリー

チームの実行力を高める

第1層	第2層	第3層
外部の力を利用する	インセンティブを出す	● 能力給にする
	ペナルティを用意する	● 降格制度をつくる
	強制する	● 厳しいマネージャーに代える
	競争させる	● ノルマを課す
		● 成績を張り出す
内発的な力を利用する	意識を高める	● ビジョンを繰り返す
	習慣化する	● ロールモデルを見つける
	発見させる	● コーチング
	感動させる	● ファシリテーション
	行動を強化する	● ほめる
		● フィードバックする

魚の骨で体系的に問題解決！

こんな時に使える！

問題を解決したい時、漠然とブレスト(p.30参照）してもアイデアがでなかったり、偏ったりしがちです。そこで軸を決め、出てきたアイデアを因果関係でまとめてビジュアルに表現するのにフィッシュボーンが役立ちます。

この道具の使い方

1．テーマをホワイトボード（模造紙）の右端にできるだけ具体的に書く
2．魚の背骨につながっている大骨に名前をつける（大きな原因の区分）
3．それぞれの大骨に小骨を追加して具体的に思い当たる原因やアイデアを書き出していく
4．小骨が出つくしたところで、起こりやすいものから検証していく

使用例

1．月報を早く正しいものにしたい。そこで、月報を作成している一連の流れにいる人に集まってもらって原因を探り、対策を打つことにした。個人攻撃ではなくプロセスやフォームの課題として取り扱うのに、フィッシュボーンを使うことにした（右図上）
2．3月は年度末、年に一度の大セールを行なう。しかし、どうも企画がマンネリ化していて新鮮味がない。いままでにない新しいアイデアを出したいと関係者に集まってもらった宮本は、発想を広げるためにフィッシュボーンを使うことにした（右図下）

さらに使いこなすためのヒント

顧客などに不具合の原因解明の中間報告をする時に使うと効果的です。

〈魚の大骨の代表的な例〉

- 事故原因究明：人、機械、方法、計測法、自然現象
- 業務プロセス改善：気づき、興味、欲求、動機、行動
- ルーティンの改善：担当者、インプット、プロセス、道具
- 販促改革：商品、価格、広告宣伝、展示・販売員

フィッシュボーン（石川ダイアグラム）

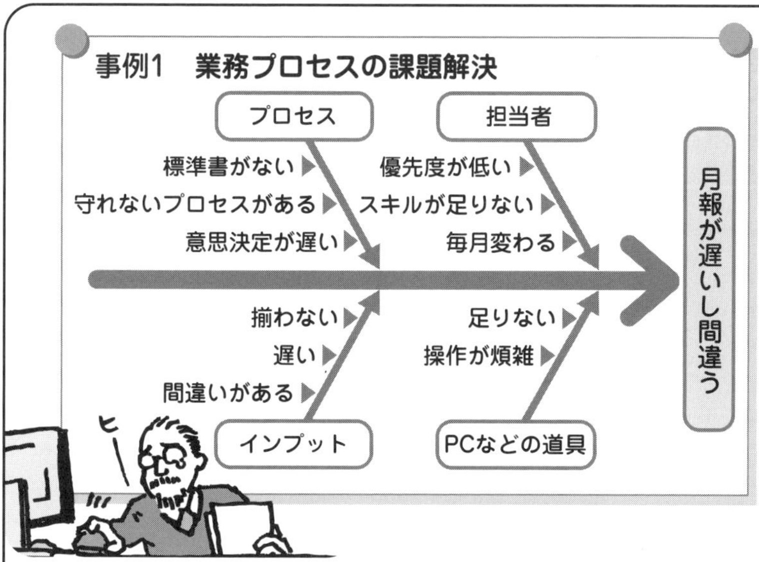

事例1　業務プロセスの課題解決
プロセス
標準書がない
守れないプロセスがある
意思決定が遅い
担当者
優先度が低い
スキルが足りない
毎月変わる
揃わない
遅い
間違いがある
インプット
足りない
操作が煩雑
PCなどの道具
月報が遅いし間違う
ヒー

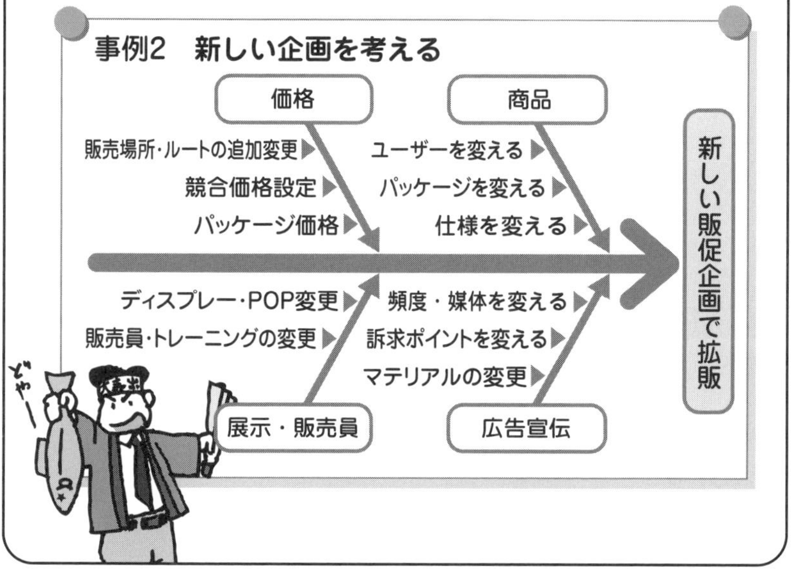

事例2　新しい企画を考える
価格
販売場所・ルートの追加変更
競合価格設定
パッケージ価格
商品
ユーザーを変える
パッケージを変える
仕様を変える
ディスプレー・POP変更
販売員・トレーニングの変更
展示・販売員
頻度・媒体を変える
訴求ポイントを変える
マテリアルの変更
広告宣伝
新しい販促企画で拡販
どや～

楽しくみんなで 発散しよう！

こんな時に使える！

大きなテーマがあるが、どんな意見が出るかわからない時、いろいろな考えを引き出したい時に有効です。ロジックに縛られず、思いつくまま書いていき、ロジックからは出てこないものを引き出すことができます。

この道具の使い方

1. ホワイトボードや模造紙などの真ん中にテーマ（文字・イメージ）を描く
2. テーマから、ブランチ（枝）を放射線状に伸ばしていく
3. ブランチの上に、単語やイメージを書き込んでいく
4. 内容が変わったら、テーマから新しいブランチを伸ばす

使用例

1. あるメーカーのクレーム対策の現場。現状分析をするために会議を行なっているが、なかなか意見が出てこない。そこで、ホワイトボードの真ん中に「クレーム」と書き、ブランチを出して「クライアント」「状況」などと単語を入れて、何でも連想するものを聞いてマインドマップを作成してみると、全体像が見えはじめた。
2. 新製品開発についての議論。マインドマップの中心のブランチを決めて参加者に事前に考えてくるように指示した。準備された各参加者のマインドマップを1つにまとめる作業（グループマインドマップ）をすることで、日頃発言の少ないメンバーの意見も出てきて共有化が進んだ。

さらに使いこなすためのヒント

- 会議参加者の右脳を刺激するために、ブランチごとにマーカーの色を変えたり、簡単なイラストを使うようにしましょう。
- マインドマップのブランチには、単語を書き込みます。発言内容を逐一書こうと思わないで、一言に要約をして書き込むように心がけましょう。

マインドマップ®

例1 クレーム対策で出てきたマインドマップ® 例（簡略化しています）

例2 グループマインドマップ例

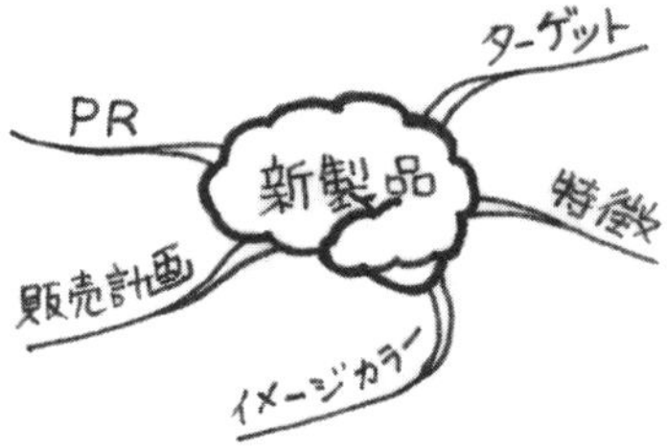

グループマインドマップでは、ブランチのアイデアを事前に連絡しておき、参加者が考えてきたアイデアをブランチに展開して1つにしていきます。

＊ マインドマップ® および Mind Map® は
英国 Buzan Organisation Ltd. の登録商標です

次のアクションが自然と出はじめる！

こんな時に使える！

議論が行き詰まり、重くなった場の雰囲気を変えたい時、具体的で現実味のある前向きな行動をイメージしたい時にこの道具が役に立ちます。

この道具の使い方

1. まず「できていないことをいったん整理しましょう」と促し、ホワイトボードの左半分を使って書き出す
2. 「気分を変えて、できていることを整理してみましょう」と促し、今度は、ホワイトボードの右半分に書き出す
3. 「『できていること』を少し発展させて、いますぐできることや、次にできそうなことはありませんか？」と促し、出てきたものを右側の関連する項目に書き足す

使用例

ある会社の総務部では、ベテラン社員の退職もあり、現場からの問い合わせに十分な対応がとれていない。ミーティングでも、社内やメンバーの問題点の指摘ばかりが多く、気持ちが内向き・後ろ向きになりがちだった。この状況を何とかしたい総務課主任の津田氏は、ミーティングの空気が重くなった時間に、いったん「できていないこと」を整理してから、「できていること」を書き出してみた。
「できていること」を書き出した後「これをちょっとだけ発展させて何かできないかな？」と水を向けると、少しずつだが「これならいまでもやれる」「それなら、あれもできそうだ」という前向きな意見が出はじめた。

さらに使いこなすためのヒント

マラソンで辛くなったら、少し目線を落として足下を見ると頑張れたりしますね。壁に当たって元気をなくしているチームには、身近な「できていること」から、次に「できそうなこと」を見つけさせることで、元気を引き出しましょう。

他愛もないことでもドンドン書き出していくことが重要です。

できていることチェック

できていないこと	できていること ➡ 次にできそうなこと
● 細かい部分の問い合わせは、担当者以外答えられない ● ミーティングが 日次／週次で 開かれていない ● 問い合わせ対応 マニュアルがない	● 朝礼／夕礼で大まかな情報共有はできている ➡ 問い合わせが最も多かったこと、それにどう対応したかを、各担当者が夕礼時に伝える 「今日は代表に何本かこの問い合わせが入りました」 ● 問い合わせに一次対応できるメンバーもいる ➡ 担当外業務を一次対応してくれたメンバーには、ねぎらい言葉をかける 「対応してくれて、ありがとう！」

「できていること」をホワイトボードに書き出すと…
これもやれる！あれもできそうだ！　と
メンバーから「次の一手」が自然と出はじめます。

レベルを変えたい時に使ってみよう！

こんな時に使える！

在庫などのように溜まっているものを減らしたい時、そこに入ってくる入口と出口を整理し、解決策を考えるのに役立ちます。もちろん、会社（＝組織）の好感度のように増やしたい時にも使えます。

この道具の使い方

1. 右図のような絵を描き、代表的な数字を入れて実態をしっかりイメージとして共有する
2. いつまでにタンクの中の水位をどこまで下げるのか（上げるのか）目標値を設定する
3. 全体像を共有したら、「入りを減らすアイデア100個」「出を増やすアイデア100個」という具合に、1つずつに絞り、アイデア出しの目標を決めて、ブレスト（p.30参照）を行なう

使用例

ある服飾チェーン店では、30店舗ある店の1つひとつを魅力的に見せるためにどうしても月2億円の仕入れが必要だという。しかし売上げは毎月1.5億円程度しかない。このままでは在庫は膨れ上がるばかり。そこで、関係者を集めてプロジェクトチームを発足し、関係者全員で「タンク」を使って問題を共有化、解決策の検討に入った。しかし、既存の仕入れ制限や販促はやり尽くしている。チームが行き詰まっているところで、ファシリテーターの吉田氏は明るい声で「じゃぁ、もう1つ出口を付け加えよう」と蛇口を付け加え、いままで考えたことのないアイデアを引き出すことにした。

さらに使いこなすためのヒント

- 共有化は全員で行なうのがポイントです。共有化が終わったら、「入」と「出」にグループを分けて、晩ごはんを賭けてアイデアの数を競うなど、ゲーム感覚を取り入れて普段出ないアイデアを引き出します。
- チームが行き詰まっているところで、もう1つ新たに出口（入口）を加えてみると発想の飛躍を促すことができます。

タンク

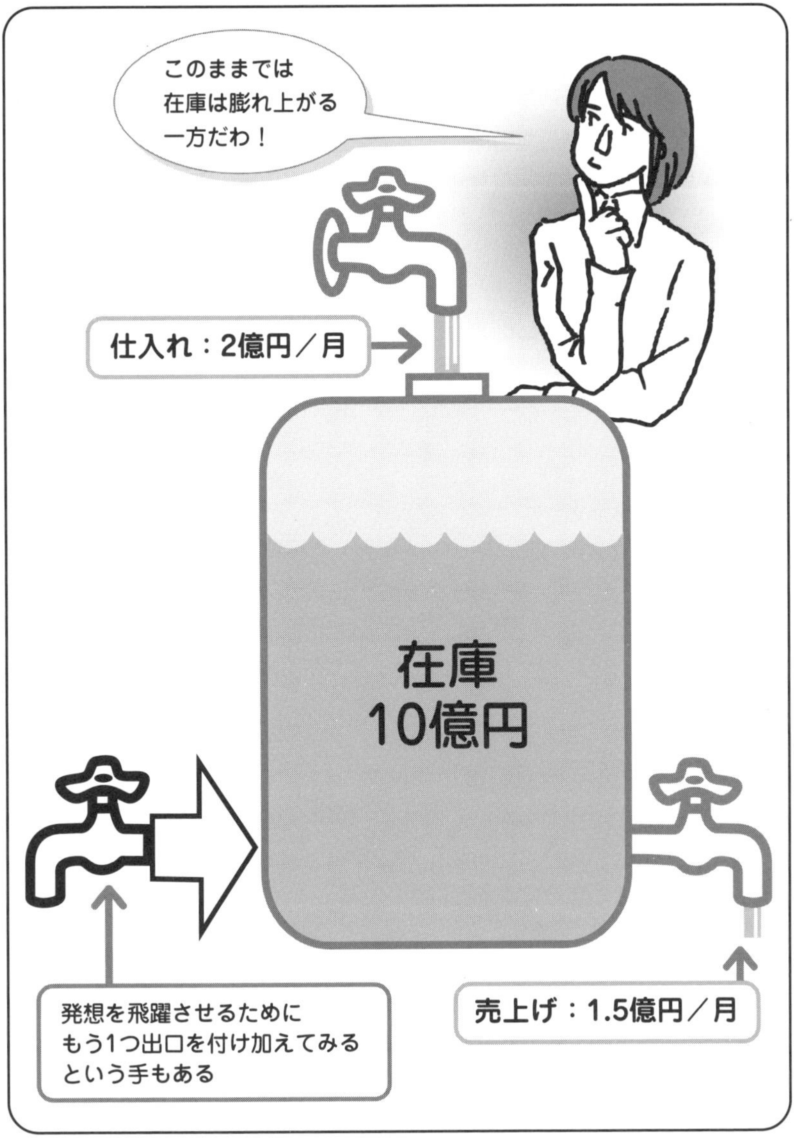
このままでは
在庫は膨れ上がる
一方だわ！
仕入れ：2億円／月
在庫
10億円
発想を飛躍させるために
もう1つ出口を付け加えてみる
という手もある
売上げ：1.5億円／月

リーダーと部下の距離がグーンと縮まる!

こんな時に使える!

新任管理職をすばやくチームに溶け込ませたい時や、既存の組織でリーダーと部下の関係を改善したい時に、リーダーズ・インテグレーションが力を発揮します。

この道具の使い方

1. チームから信頼されている人をファシリテーターとして選ぶ
2. 全員が入れる部屋と十分な量の模造紙・マーカーなどを用意する
3. 全体で3時間程度必要。終了後も余韻があるので、お昼すぎから右図に従って行ない、終了後は飲み会につなぐと効果的

使用例

売上げが伸びず店長交代。新任店長は、店員との関係をつくり、自分の掲げる目標をメンバーに浸透させたいと考えて、ある日、午後から店を閉めてリーダーズ・インテグレーションを実行した。パートさんを中心とした店員たちだったが、この新しい店長のオープンで率直なところに感動。これまでの店舗運営の問題点がドンドン出てきた。さらに突っ込むと、賞味期限を偽装している事実までが……。

さらに使いこなすためのヒント

- ここで出てきた案件の中から、リーダーとメンバーの間で何か約束をして(例:「ほめる時はみんなの前で、叱る時は個別に密かに」といった具合)、翌年チェックすることにすると効果的です。
- リーダーズ・インテグレーションでは、セクハラ、パワハラなどいろいろな悪事が暴露されるので、コンプライアンス対策にも使えます。
- リーダーには、自分のリーダーシップを高めるために、毎年このセッションを続けることをお勧めします。

リーダーズ・インテグレーション

リーダーズ・インテグレーションの進め方

		目安となる時間
1	チーム全員が集まる。ファシリテーターのリードで、リーダーは自己紹介し、自分の抱負、今年の目標などを語る	15分
	リーダーのみ退場	
2	**ファシリテーターは、以下の質問をしていく**	
	リーダーについて「知っていること」を挙げる	20分
	リーダーについて「知りたいこと」を挙げる	20分
	リーダーに「知っておいてほしいこと」を挙げる	15分
	今年の目標を達成するために、「みんなができること」を挙げる	30分
	全員退室、入れ替わってリーダー入室	
3	ファシリテーターが論議の内容をリーダーに説明	20分
	全員入室	
4	リーダーが壁に張られている質問やコメントに答える	60分

●飲み会

注：目標達成のためのアクションプランについては持ち越して議論するとよい

他人の目に映る自分を知ることで、ジャンプ！

こんな時に使える！

営業が自分自身の営業力を客観的に知りたい時、学校の先生が自分の指導力を理解したい時などに、ジョハリの窓エクササイズが役に立ちます。いろいろな手法が開発されていますが、ここでは各自の営業力を高めるためのツールとして取り上げます（前項のリーダーズ・インテグレーションも、このエクササイズの1つです）。

この道具の使い方

1. 自分の営業力を高めたい営業に集まってもらう
2. ロールプレーで、自分の営業をデモしてもらう（10〜15分）
3. この人には退出してもらい、他の人からいまの営業デモについて感じたことをファシリテーターが引き出し、「いいところ」「改善すべきところ」に分けて模造紙に書き出していく。コメントする人は、できるだけ具体的で客観的な観察結果を述べるように心がける（10〜15分）
4. 退出していた本人に部屋に戻ってもらい、模造紙に書き留めたことに従ってファシリテーターが解説する
5. 本人からの質問には、その場で答えられるものは参加者から答えてもらう。匿名を要する場合は、別途回答

使用例

このエクササイズを通じて、鈴木氏は威勢がいいと思っていた自分の話し方が、実は相手に威圧感を与えている事に気づいた。山本氏は、無口で表情に乏しく営業に向いていないと思っていたが、意外とそれが高齢者には落ち着いていると好感を持たれていることに気がついた。

さらに使いこなすためのヒント

- 自分の姿は鏡なしには見えませんね。同じように自分の対人力は、他人の目を通してしか見えないのです。機会を見つけて、このエクササイズに取り組んでみましょう。コメントは客観的・具体的な表現になるようにファシリテーターは気を配りましょう。
- 悪いところといいところのバランスをとるように引き出しましょう。

ジョハリの窓エクササイズ

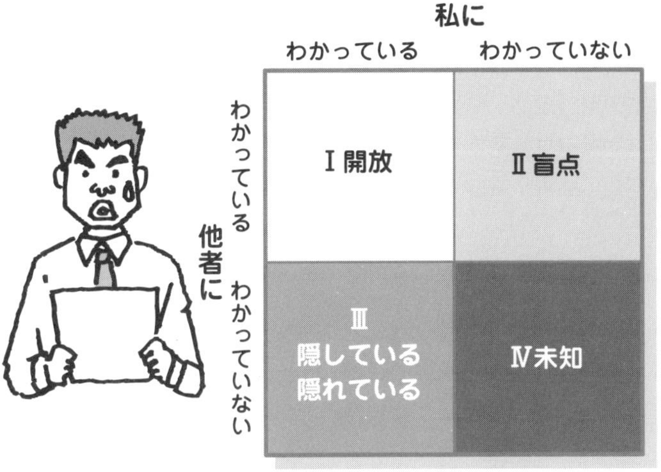

「自己開示」と他人からの「フィードバック」で、「開放」区域を広げることが人の成長につながるという「ジョハリの窓」理論は、1955年にジョセフ・ラフトとハリー・インガムが共同提案したものです。名前は、発案者の2人の名前を合成してつけられました。

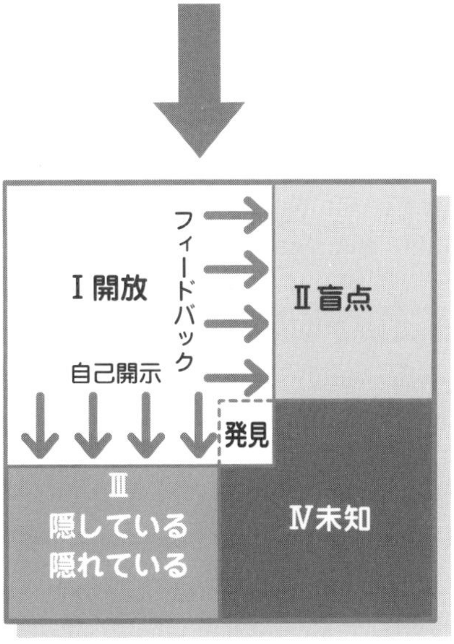

これで空気が変わる!

こんな時に使える!

新しいメンバーがチームに加わった時、あるいはチームの雰囲気を変えたい時。あえて人を「商品」に見立てて「取扱説明書」を作成してみると、ガラッと雰囲気が変わります!

この道具の使い方

1. 事前に98～99ページのシートをコピーして配布。各自、事前に記入できるところはしておく
2. 4～6名ぐらいのグループをつくり、役割と順番を決め、右図上を使いながら、進め方・ルール・役割を説明する
3. 1人30分程度の時間をとってグループ内で共有する
4. 終了後、「どう感じたか」「今後どうしたいか」など感想を全体で共有する

使用例

新しく3名のパートさんが加わり、全部で10名になった飲食店舗。この機会に空気を一新しようと、ある日の夜、歓迎会を兼ねて、各自「取扱説明書」を書いて集まった。「どんなことを言われるとうれしいか」「どんな言葉でお願いされたら、やる気になったか」「言われてやる気を失った言葉や出来事は」と各自が自分の取扱説明書を説明、笑いとともに相互理解が進んだ。

さらに使いこなすためのヒント

- 新メンバーでは、「リーダーズ・インテグレーション」(p.92参照)や「ジョハリの窓エクササイズ」(p.94参照)導入時などに実施すると効果的。
- 結成してしばらくたったチームの場合は、<商品説明>を他のメンバーが補足して埋めてあげるのも1つのやり方。和やかな雰囲気で進むよう、ファシリテーターは気を配りましょう。
- 定期的にやると、個々の変化や成長が見えます。

メンバーの取扱説明書

板書例

取扱説明書をつくろう！

進め方

① 4～6人1組のチームをつくる
② 進行役を決める
③ 残りのメンバーは質問をしながら、理解を深める。
※ 時間内でできる箇所だけでよい。どの欄から始めてもOK。

約束

● 質問係は、質問のみ（メンバーの質問可）
● 説教しない
● 共働の姿勢でのぞむ

役割 商品役、進行役1名、質問係（残り）

記入例

「佐藤　さんの取扱説明書」　作成日：

①商品説明

<仕様>
―あなたの略歴、特記すべき経験、強み、売りなど
特技：とりあえず明るく見える。人と話すのが好きで（年齢・性別問わず）→けど、本当は人見知りする！
売り：相談のります（進路・恋愛問題、就職？？？アイデアだしが得意
経験：営業好き、英会話ちょびっと…

<用途>
―「このような時」または「このような場」での活用がオススメ！
＜どういうときに力が発揮される？？＞
・場が硬直した時に、笑いを呼べる　◦アイデアが必要な時！←事にもよるケど…
・他部署や上司に根回しが必要な時には相談してOK！

②この商品「私」の上手な使い方

<私にとって好ましい仕事の依頼・任され方>
→とにかく「任せた！！」と言われると嬉しい。
・難しい（チャレンジングな）タスクに燃える！
・「あなたしかいない」とか「あなただから頼む」とか弱い。
・困っている人がいると、サポートしたくなるから「〇〇さん手伝って…」とか。

<嬉しい褒め言葉・やる気の出る環境>
↳ほめられるのは、何言われても嬉しい。おもしろい、とかユニーク、とかもOK。
（やる気でる時）
皆が同じ方向向いてやっている時←困難あっても大丈夫！

<好ましい叱られ方／指摘のされ方>
とにかく、これからないで、何でも言ってほしい。
「佐藤さんらしくないけど、どうしたの！」って言ってもらえると、受けとめやすい。

③取り扱い注意！！～これはやってはいけない～

・周りが言ってはいけない「NGワード」、やってはいけない「NG行動」は？
（時々）機嫌が悪くなるかも…その時、慶に気を使うこと。

④上手なお手入れ～いつも「元気」でいるためのケア～

<A．調子が悪くなると、こうなります・・・>
―ご使用中に気になる点がございましたら、次の点をお調べください―

症状	考えられる原因	処置
無口になる。アイコンタクト減る 笑顔がへる Noが増える 予定がへる。レス遅くなる （遊びの）	忙しすぎ。 ↑ 自由になる時間が、極たんにへっているとき	とにかく放っておく！ ↓ 自然にでてくるまで、特別扱いしないで待つ。 新しいPはまかすまで待つ

<B．お手入れ方法～Aのようにならないために>

・周りに気をつけてもらえるとありがたいこと
―上司、チームメンバー、同僚などから職場でどう扱ってほしい？
・上司：元気そうに見えても参っているときあるので時々確認してほしい。
・メンバー：相談にときどきのってください。
　↳10分の喫煙タイムでもOK。「（不）忙しさ何（今）パーセント？」とか

・自分でできること
―Aのようにならないために、あなた自身ができることは？
・「少ししんどいかなあ」と思ったら、上司とメンバーにアナウンスしてみる。
・田中くんと大下さんにもっとまかす。⇒育成にもなるし！

その他／備考欄

感想：そうだなあ、と思った。けっこう皆に迷惑かけていると思う。自分でかかえこまず、まわりに頼って仕事していこうと思った。

『＿＿＿＿＿＿さんの取扱説明書』

①商品説明

仕様 あなたの特技、特記すべき経験、強み、売りなど

用途 「このような時」または「このような場」での活用がオススメ！

②この商品「私」の上手な使い方

● 私にとって好ましい仕事の依頼・任され方

● 嬉しいほめ言葉・やる気の出る環境

● 好ましい叱られ方・指摘のされ方

③取り扱い注意！！～これはやってはいけない～

周りが言ってはいけない「NGワード」、やってはいけない「NG行動」は？

④上手なお手入れ～いつも「元気」でいるためのケア～

A．調子が悪くなると、こうなります……

症状	考えられる原因	処置

B．お手入れ方法～Aのようにならないために

● **周りに気をつけてもらえるとありがたいこと**
上司、チームメンバー、同僚などから職場でどう扱ってほしい?

● **自分でできること**
Aのようにならないために、あなた自身ができることは？

その他／備考

戦略的視野を共有する!

こんな時に使える!

チームが部分にとらわれて全体像を見失っている時、いったん全体像をマッピングさせせると、視野を広げることができます。それによって戦略的観点からの議論を促すこともできるでしょう。

この道具の使い方

1. 対象を決める（右の例では、特定の顧客A社を対象とした）
2. すべての機会が描けるように縦軸・横軸を決める。面積が機会の大きさを表すなど、直感的に図が理解しやすいように工夫する
3. わからないところはいったん推定し、顧客などに当たって検証していく

使用例

右図の顧客A社は、化学原料を購入し、応用化学品を生産している会社。その製品を輸送機・自動車分野、農業・食品分野、化粧品・ライフサイエンス分野に分けてマッピングを試みたが、すぐに答えは出てこない。この顧客の総売上げから原料総購入量は900t程度と推定し、少しずつ問いかけては、各セグメントの大きさを推定調査していった。この絵が描き上がるまで3か月を要したが、その間、営業部長の横にあったホワイトボード上をこの絵が占領していた。各セグメントの規模と成長性、競合との力関係、自社の強みなどをこの絵を見ながら議論し、4つに色分けして優先順位を決定した。

さらに使いこなすためのヒント

全体像を描こうと思ってもデータがない場合が多いでしょう。すぐに諦めずに、そういう場合は、まず素描でもするつもりで推定しながら、下絵を描きましょう。その後関係者に問いかけて、少しずつデータを集めて完成度を高めていくのです。マップではなく、マッピングと進行形で表わしているのはそのためです。この作業に、営業担当者などが直接加わり、自分たちでつくり上げていくと動機づけになります。

オポチュニティマッピング

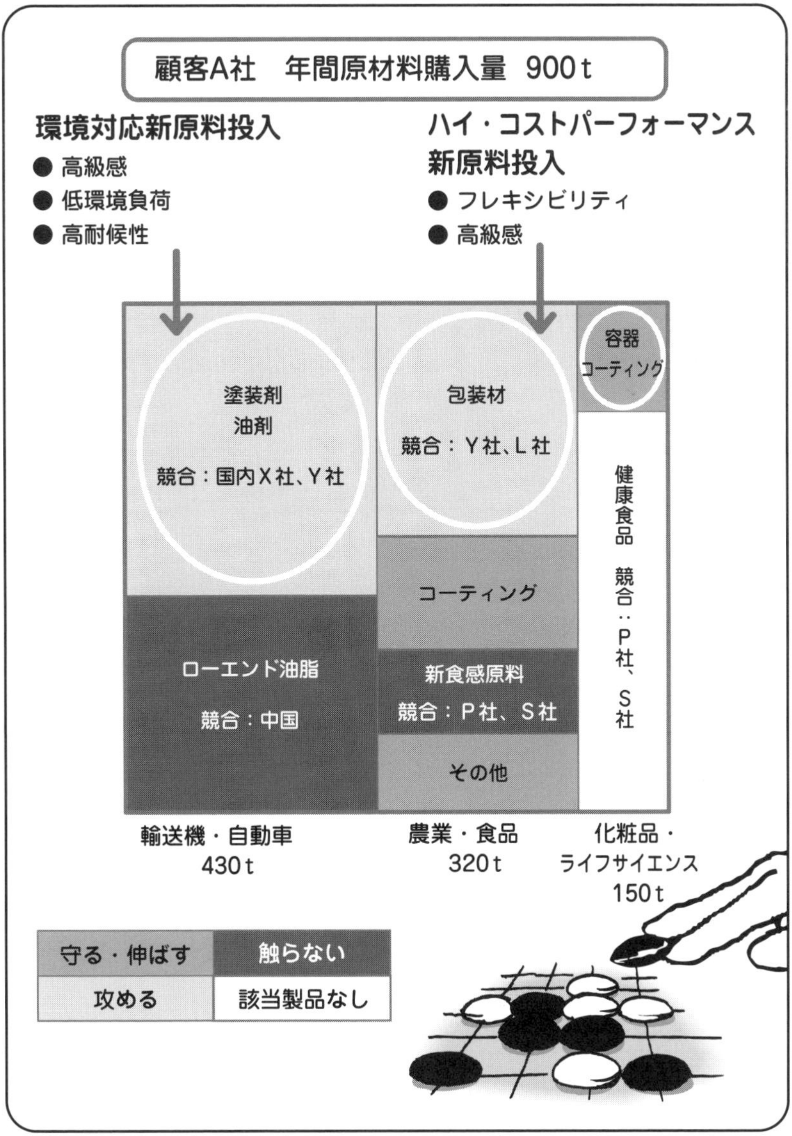

顧客A社　年間原材料購入量　900ｔ
環境対応新原料投入
● 高級感
● 低環境負荷
● 高耐候性
ハイ・コストパーフォーマンス
新原料投入
● フレキシビリティ
● 高級感
塗装剤
油剤
競合：国内X社、Y社
包装材
競合：Y社、L社
容器
コーティング
健康食品　競合：P社、S社
コーティング
ローエンド油脂
競合：中国
新食感原料
競合：P社、S社
その他
輸送機・自動車
430ｔ
農業・食品
320ｔ
化粧品・
ライフサイエンス
150ｔ
守る・伸ばす
触らない
攻める
該当製品なし

ロジカルに聞こう！話そう！

こんな時に使える！

もっとロジカルに話したいと思ったことありませんか？　PREP法は、そのための特効薬です。発言する時にはPREPのポイントを踏まえているか、参加者全員でチェックをして、誰もがロジカルに理解できる会議を実践しましょう。

この道具の使い方

1．ファシリテーターが、発言は「PREP法」で行なうように、と宣言する
2．PREP法の説明をする
- ●P：Point（ポイント、要点）……最初に述べる
- ●R：Reason（理由）……次に理由を述べる
- ●E：Example（事例）……次に事例、具体例を述べる
- ●P：Point（ポイント、まとめ）……最後にポイントを繰り返す

3．参加者の発言がわかりにくい時には、「Rは何ですか？　Eは何ですか？」と問いかけて、明確にしていく

使用例

いつも延々とポイントのずれた長話をする先輩。注意したいが、年長者に物言うのはためらわれる。そんな時、PREP法で話をすることをルールとして決めて進めてみた。「だいたい、こんな状況で、売上げを20%も上げるのは無理なんや。うちの製品改良だって……」
「恐れ入りますが、本日のルールなので、PREP法でお願いしたいのですが、Pは何でしょうか？」
「ん？　P？　ポイントね…え〜と、あとでまた発言するわ」

さらに使いこなすためのヒント

- ●時間をとってPREP法をしっかりと説明しておきましょう。
- ●グランドルール（p.26参照）に取り入れると効果的です。

PREP法

えーーで
あるからして
つまり
その
それ
が
えーー
ですから
すなわち
あれですよ
あれ
長い！
意味不明！
しかし、PREP法を使うと…
Pointは…Reasonは…Exampleは…Pointは…
短くまとまってしまう！！
まずは要点を
なぜか
例えば
だからこうなのです
わかりやすいね
なるほど

サッサッと絞り込んで先に進もう！

こんな時に使える！

いよいよ選択肢を絞らなければいけないのだけれど、ダラダラと議論が続いて決まりそうにない時に有効です。みんなの意見を聞いてから投票するというのが通常のパターンですが、実際には、投票して絞り込んでから話を聞いたほうが早かったということが少なくありません。

この道具の使い方

1. ブレスト（p.30参照）などでアイデアを多数出す
2. アイデアの数をnとすると、その5分の1の丸シールを各参加者に配る（たとえば、50アイデアがあれば、50÷5＝10枚）
3. 参加者に立ち上がってもらって、壁などに張ってあるアイデアの中から気に入ったものにシールを貼ってもらう
4. シールの多いものから議論する

使用例

ある小学校のPTAで、新しい課外授業を提案することになった。各自ポストイットにアイデアを書いて会議室の壁に貼り出していくと、30分ほどの間に60件近くのユニークなアイデアが貼り出された。これを1つずつ説明してもらっていると収拾がつかないと思った教頭先生は、直径2センチほどの5色のカラーシールを12枚ずつ全員に配り、投票数で絞り込むことにした。全員立ち上がると、ワイワイと投票作業が始まり、たちまちのうちに10件の面白課外授業が絞り込まれた。「じゃあ、この10件について、提案された方から詳しいご説明をうかがいましょう」

さらに使いこなすためのヒント

- 5で割るということは、各自5分の1に絞り込むということです。アイデアが多数ある時は7や10で割ってみましょう。
- カラーシールを使う時には、色によって得点数を変えるというやり方もあります（例：赤…5点、青…3点、黄…1点）。

n／5投票法

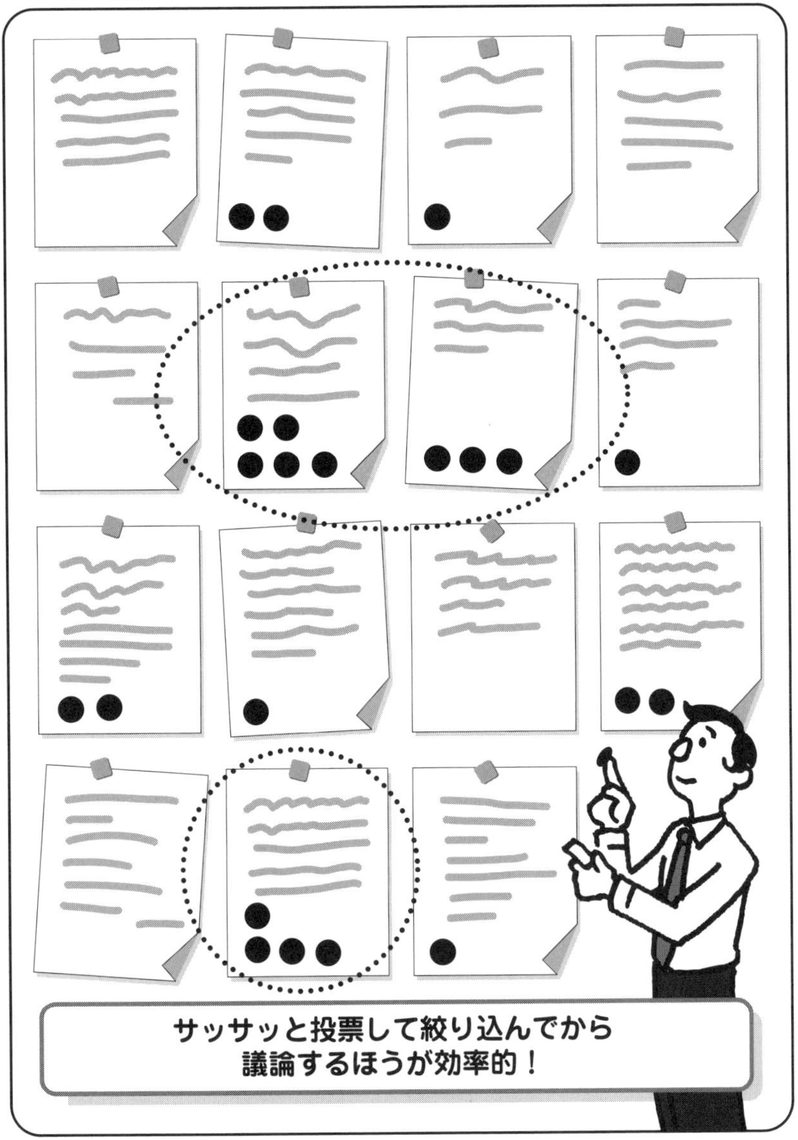
サッサッと投票して絞り込んでから
議論するほうが効率的！

コラム

参加者から発言を促すには

昨年の12月に、私の務めるリバーサイド・パートナーズという投資会社で100名ほどの投資家を招いた企業説明会を開いた時のことです。はじめの1時間半ほどは通常の説明があり、その後30分間という長めの休憩を挟んで昼食会となりました。この休憩時間に入る前に、A5サイズ程度の大きさの紙が配られ、質問のある方はこの紙に書いて、出入り口近くの質問箱に入れてくださいというアナウンスがされました。

昼食会では、披露宴のように数名ずつ丸テーブルを囲んで着席し、最前列にはリバーサイドのCEO2人が座っていました。食事が終わるころを見計らって、司会者は参加者からの質問を求めましたが、ほとんど手が挙がりません。そこですかさず、「それでは、先ほどの休憩時間にいただいたご質問をCEOに訊いてみましょう」と、司会者は箱から質問票を取り出しました。2、3枚の質問にユーモアを交えながらCEOが答えると、司会者はもう一度会場に向かって「質問はありませんか？」と問いかけました。すると今度は、100名ほどの参加者の中から数人が手を挙げはじめました。

はじめての人たちが集まる大きな会議では、なかなか質問の手が挙がりませんが、誰かが思いきってアイスブレークして、いったん質問が出るとその後は次々と質問が出るものです。そのアイスブレークのために、休憩時間を利用して質問を書いておいてもらうというのは、なかなかスマートでした。

●バズセッション

「30分も休憩時間はとれないよ」という方にお勧めなのは、バズセッションです。たとえば、講演が終わったあと10分ほど時間をとって、会場にいる人たちの間で話し合ってもらう。その時間をバズセッションと言います。その後で「質問はありませんか？」と問いかけてみると、けっこう手が挙がります。バズ（buzz）とは、ハチや機械がブンブンうなっている音からきた擬態語です。会場全体が人の話し声でブーンとうなっているような感じになることから、この名前がついています。

たとえば、ヤラセで問題となったタウンミーティングを考えてみましょう。何百人も集まるミーティングで質問をしてもらうのは大変です。しかし主催者側からすると、参加した人たちが何も質問しないのではせっかくのタウンミーティングの意味がありません。そこで「こんな質問をお願いします」とカンニングペーパーを配ってしまったわけですが、これではタウンミーティングが台無しです。

こんな時、まず席を披露宴の時のように丸テーブルに10名ぐらいずつ座ってもらい、各テーブルにファシリテーターを1人、それとなく入れておきます。演壇でパネルディスカッションなどが行なわれた後は「いまの講演についてどう思いますか」という、バズセッションの時間をとるのです。10名ほどの各テーブルの中で議論してもらいます。内容にも人数にもよりますが、10分～20分ぐらい時間をとれば十分でしょう。その後で、「パネリストに質問はありませんか？」とやると手が挙がるはずです。それでも質問が出にくいようなら、各テーブルのファシリテーターが「このテーブルではこんな疑問が出ていました」とテーブルを代表して質問して、アイスブレークするのも1つの手です。

第4章

【上級キット】
実行力を高める道具12

フォースフィールド分析 ● **心に働く力を考えて実行力をつけよう!**
ステークホールダーズ分析 ● **キーマンを押さえて計画を実現しよう!**
デシジョンツリー ● **「決められない」って言わせない!**
期待と課題のマトリックス ● **課題の多いブレストを乗り切る!**
思考システム図 ● **バッドサイクルから脱出しよう!**
要素マッピング ● **プロジェクトの遅れを解決する!**
リスク評価表 ● **リスクミニマムの選択で危機を乗り切る!**
ダブル・ペイオフマトリックス ● **優先順位の共通点を見つけよう!**
タイムマシン法 ● **ビジョンづくりを楽しもう!**
ヒーローインタビュー ● **輝いていた時を思い出させ、元気を取り戻そう!**
SWOT法 ● **SWOTで戦略意識を高めよう!**
PPM(ペイン・プレジャーマトリックス) ● **痛みと喜びの原則で現状を打破しよう!**

心に働く力を考えて実行力をつけよう！

こんな時に使える！

いくらいい計画でも、人の心に働きかける力がなければ実現しません。なぜ実行が難しいのかを、人の心に働く「力」というレベルで考え直し、実行力を高めるのが、フォースフィールド分析です。 実行段階で苦労しているプロジェクトに効果的です。

この道具の使い方

1. 模造紙に大きなT字型を描き、タイトル「○○が進まない力の分析」と「促進する力」「抵抗する力」と大きく書く
2. 本音レベルで、人の心に働いている「力」についてブレスト（p.30参照）し、T字の左に「促進する力」、右に「抵抗する力」を書き出す
3. 力の大きさがビジュアルにわかるように、矢印の大きさで表現する
4. 「抵抗する力」を減らす方法をブレストする
5. 「促進する力」を一層強くする方法をブレストする
6. 「促進する力」を新たに加えられないかブレストする

使用例

事務効率化のために、全社的にペーパーレス運動を展開している。掛け声は大きいのだが、なかなか実行が伴わない。一方で、トップからは早く実行しろと急がされる。どうすれば、この運動を加速できるのか？　事務局でフォースフィールド分析を行なったところ、リーダーの西口氏は抜本的な力を生み出す必要を感じ、ペーパーレスのメリット（お金）を従業員と折半する大胆なインセンティブ案を考え、宣伝部を巻き込んで社内宣伝することにした。

さらに使いこなすためのヒント

- いろいろな人から本音を引き出しながら作成しましょう。
- アンケート調査などを交えて行なうと効果的です。

フォースフィールド分析

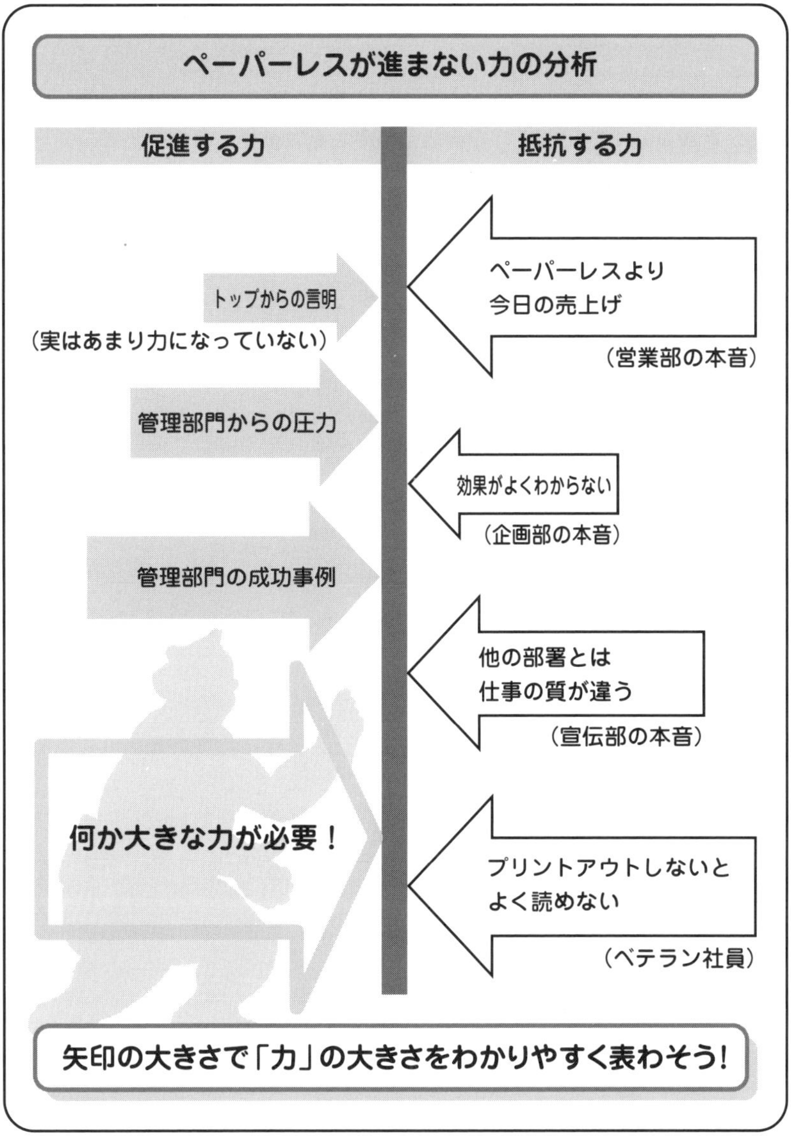

ペーパーレスが進まない力の分析
促進する力
抵抗する力
トップからの言明
（実はあまり力になっていない）
管理部門からの圧力
管理部門の成功事例
何か大きな力が必要！
ペーパーレスより
今日の売上げ
（営業部の本音）
効果がよくわからない
（企画部の本音）
他の部署とは
仕事の質が違う
（宣伝部の本音）
プリントアウトしないと
よく読めない
（ベテラン社員）
矢印の大きさで「力」の大きさをわかりやすく表わそう！

キーマンを押さえて計画を実現しよう!

こんな時に使える!

実行段階で障害となるのは、やはり人。そこでステークホルダー（重要関係者）をみんなで洗い出して分析し、対策を立てます。この手法を、たとえば顧客の分析などに応用して営業の効果性を高めている企業もあります。

この道具の使い方

1. 計画の成否を左右する重要関係者を幅広くチームで書き出す
2. 1人ひとりの重要性を大・中・小などで評価する
3. 計画に対する現在の姿勢と、あるべき姿勢を賛成・中立・反対などで表す
4. 公私にわたる関心事を書き出す。この時、表面的な現象ではなく、その裏に潜む本当の関心事を見抜くことが重要（冷静に装っているが、実は社長の意向を気にしている、など）
5. いろいろな角度から、姿勢を変えさせるための方法を具体的に考える（誰が、どの順番で、どのようなポイントを訴求するか）

使用例

急速に成長し、設立後5年で100人規模に達したネット系ベンチャー企業。これまでは、技術・営業・人事・財務のすべてを社長が掌握し、社員は言われたことをすばやく正しく実行するだけでよかったが、さらなる発展のためには権限委譲が必要。社長の大山は、何度か権限委譲を試みてきたが、指示待ち体質が染み込んだ社員の行動に我慢できず、断念してきた。

社長の依頼を受けた組織開発コンサルタントの和田氏は、若手社員5人とともにワークショップを重ね、必要な手を打っていった。ある日「これを実行に移すうえで、何か障害なるものはありませんか？」と、和田はチームに訊いた。「たとえば、大山社長だとか？」と水を向けると、チームからうなずきが返ってきた。「では、ステークホルダーズ分析をやっておきましょう」。和田は、プランを実行に移す際に重要な人物を書き出し、対策を考える大きな表をホワイトボードに書き出した。

ステークホルダーズ分析

	重要性	方針に対する姿勢	なって欲しい姿勢	個人的関心事	仕事上の関心事	対策
大山社長	大大	賛成	見守る	仕事	事業の拡大	和田氏によるコーチング
佐藤営業部長	大	反対	中立	今の生活スタイルの維持	営業部の成績	新体制の重要人物として扱う・部長研修
田中技術部長	中	賛成	賛成	クルマ狂	コストダウンと新製品開発	特になし
後藤総務部長	大	中立	賛成	娘の結婚	社長との関係維持	社長から教育プラン作成を依頼・人事部長の選任

さらに使いこなすためのヒント

- ボンヤリとアタマで考えていることを一度みんなで表に書き出すことで、しっかりした対策を立てることができます。
- この手法を営業に利用するには、まず顧客の中のキーマンを特定し、その姿勢を「自社に好意的」「中立」「競合他社に好意的」などに分類します。さらにその重要性を「意思決定者」「意思決定者へのアドバイザー」「分析係」などに分類します。公私にわたる関心事は上と同じように分析し、対策では、①自社の誰（必ずしも営業マンとは限らない）が顧客の誰にどの程度の頻度で対応するのか、②どのようなセールスポイントを訴求するのか、といった点を具体的に考え、書き出すと組織的・戦略的な営業プランを立てることができます。

「決められない」って言わせない！

こんな時に使える！

あれこれ迷ってなかなか決められないことってありますね。そんな時、みんなでデシジョンツリーを描いてみましょう。選択肢を洗い出して、得られる利益とリスクを整理しておくと、合意形成しやすくなるだけでなく、その後の状況の変化にも迅速に対応できるようになります。

この道具の使い方

1. 関係者に集まってもらい、選択肢を書き出す。それを意思決定ノード（□）から分岐させるように表記する
2. 決定したことにより起こり得る結果を各枝の端に書く
3. 決定したことの結果が不確定な場合は、確率ノード（○）をつけて場合分けする
4. 各枝について、それが実現した場合の利益（ダメージ）、起こり得る確率をみんなで推定する
5. 意見が一致しない時は値を幅で表示し、感度分析（変化する値を入れてみて結果への影響を見る分析）を行なう
6. 選択肢ごとの期待値を計算し、意思決定の参考にする

使用例

ある家電メーカー。新規参入した携帯電話端末を市場投入したところ、早々に不具合が発生。原因が特定できず、どのくらいの頻度で発生するかつかめていない中、ニュースリリースを出すべきか否かの決断を迫られた。関係メンバーで検討したところ、起こり得る事象としてブランドイメージへの影響が検討された。それぞれについての不確実要因が多い中、全員で発生確率や想定されるコストを推定し、デシジョンツリーを描きながら議論を進めた。

さらに使いこなすためのヒント

発生確率や期待される効果は、もともと不確実要素です。正解を求めていたずらに議論を難しくするのではなく、チームが納得できる判断を求めるように、議論をファシリテートしましょう。

デシジョンツリー

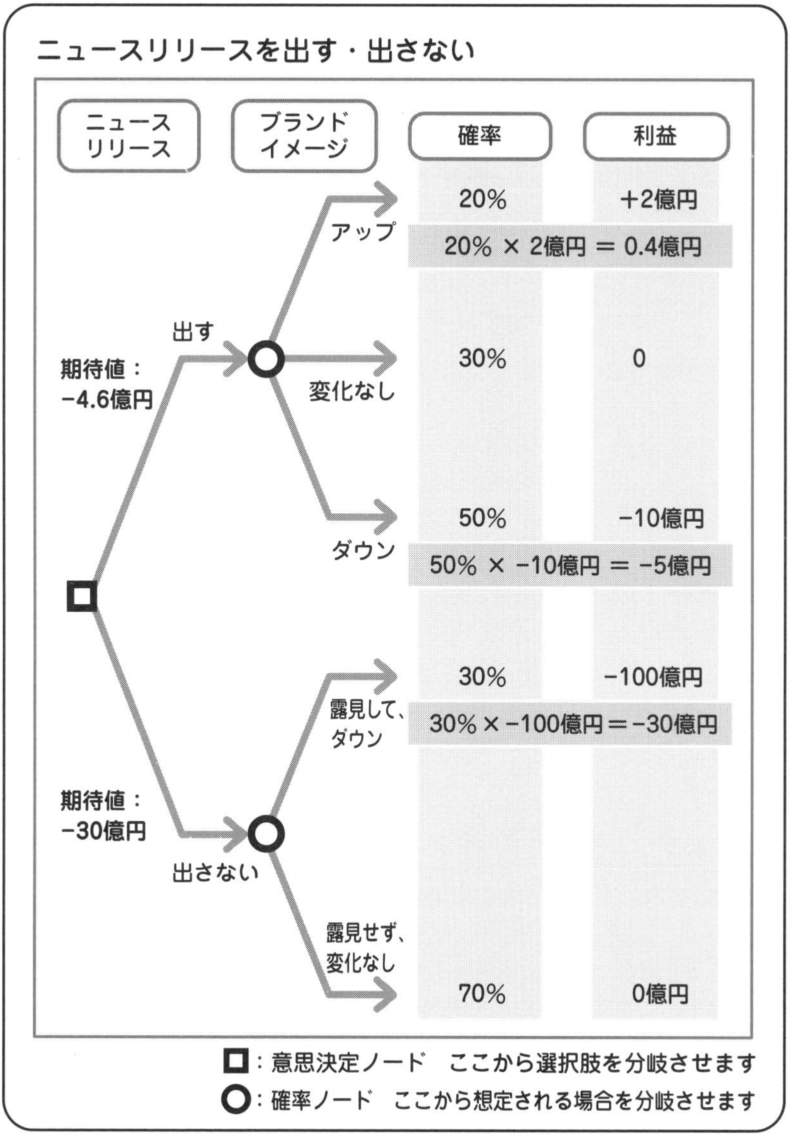
ニュースリリースを出す・出さない
ニュースリリース
ブランドイメージ
確率
利益
アップ
20%
+2億円
20% × 2億円 = 0.4億円
出す
期待値：
−4.6億円
変化なし
30%
0
ダウン
50%
−10億円
50% × −10億円 = −5億円
露見して、ダウン
30%
−100億円
30%×−100億円＝−30億円
期待値：
−30億円
出さない
露見せず、変化なし
70%
0億円
□：意思決定ノード　ここから選択肢を分岐させます
○：確率ノード　ここから想定される場合を分岐させます

課題の多いブレストを乗り切る！

こんな時に使える！

問題を解決するためのブレスト（p.30参照）で誰かがアイデアを出すと、必ず「それは……で難しいよ」とアイデアつぶしの意見が出ることが多い。こんな時は、問題解決のアイデア（期待）と同時に課題も一緒に抽出してしまおう！

この道具の使い方

1. ブレストをする時、「解決案」と別に「課題」を書き出す紙を用意する
2. 否定的な意見が出てきたら、「課題」と題書した紙に描き出して、解決案出しを続ける
3. 解決案（期待）と課題をマトリックスにして、交差点の中で問題になるポイントについて、担当者と期日を決めて解決策を検討してもらう

使用例

右の例では、化学分析をやる組織がコストダウンのアイデアをブレストしたもの。中国の大学に外注してはというアイデアが出てきたが、「かえってコストがかかる」「面倒だ」「緊急対応ができない」と反対意見が出てきた。その場でいちいち議論せずに、もう1枚模造紙を用意して、反対意見も「課題」として同時に書き出し、マトリックスをつくって、気になる交差点に担当者を決めて検討させることにした。

さらに使いこなすためのヒント

この方法では、アイデアだけでなく、課題も出させて書き出すわけですが、いちいちその場で議論させないところがポイントです。本当に「課題」が「障害」になるのかを担当者を決めて、別途検討してもらいましょう。こうして空中戦（口頭だけの議論）を避け、斬新なアイデアを実現に結びつけたいものです。

期待と課題のマトリックス

期待（解決案）

- 中国の大学に化学分析を委託する
- 無料サービスの試験分析委託件数を削減する
- 特許販売を考える
- プリンターの使用を制限する
- 実験計画法を導入する

課題

- サービスが低下する
- 海外に出すとスピードが落ちる
- 中国では分析の質が心配
- 国内の技術が空洞化する
- 中国に出すための事務手続きが煩雑化する
- ロジスティックスなどでかえってコストが上がる

期待 / 課題	中国への化学分析委託	試験分析委託件数削減	特許販売の検討	プリンター使用制限	実験計画法の導入
サービスの低下		松尾 1/31			
スピードの低下					
分析の質の低下	田中 2/12				細田 2/19
国内の空洞化					
事務手続きの煩雑化	中西 3/10		西野 2/20		
コストアップ					大木 3/5
緊急時の対応力低下				鈴木 1/28	

バッドサイクルから脱出しよう！

こんな時に使える！

組織には、特有の思考パターンやクセがあるものです。それをいったん「見える化」することで、クセを客観視することができ、違った発想が促されることがあります。バッドサイクル（悪い思考パターン：堂々巡り、ネガティブ思考、成長思考の欠如など）に陥っている時、チームにそれを気づかせ、グッドサイクルに入るきっかけを与えましょう。

この道具の使い方

1. ファシリテーターが現在の思考パターンを描き出し、「みなさんの思考パターンはこうなっているように見えますが、これでいいですか？」とチームに問いかける
2. バッドサイクルからの脱出方法を問いかけ、あるべき思考システム図を描き加える
3. 新しい思考手順に合意が得られたら、それに従って議論を進める
4. 新しい思考手順が習慣として定着するまで、ファシリテーターは執拗に思考プロセスを強制・矯正する

使用例

この百貨店では、3月になると年中行事のように催事が企画されていた。年末年始に行なったばかりなのだが、予算との帳尻が合わないので、慌ただしく企画するのである。それで帳尻が合えばいいが、実際にはほとんど効果がない。むしろコストアップで、期末催事の経済効果には現場レベルで疑問の声が絶えない。それでも何かしないと上司に説明できないという理由から、恒例行事のように“緊急”期末催事を繰り返してきた。このバッドサイクルから抜け出すべく、ファシリテーターの宮本氏は右下のような堂々巡りのサイクルを描き、どうやって抜け出すべきかチームに問いかけた。

さらに使いこなすためのヒント

まずはチーム自ら現在陥っているバッドサイクルを図示できるかどうか促してみましょう。それが難しいようなら、思い切ってファシリテーターが提示してチームにチャレンジしてみましょう。

思考システム図

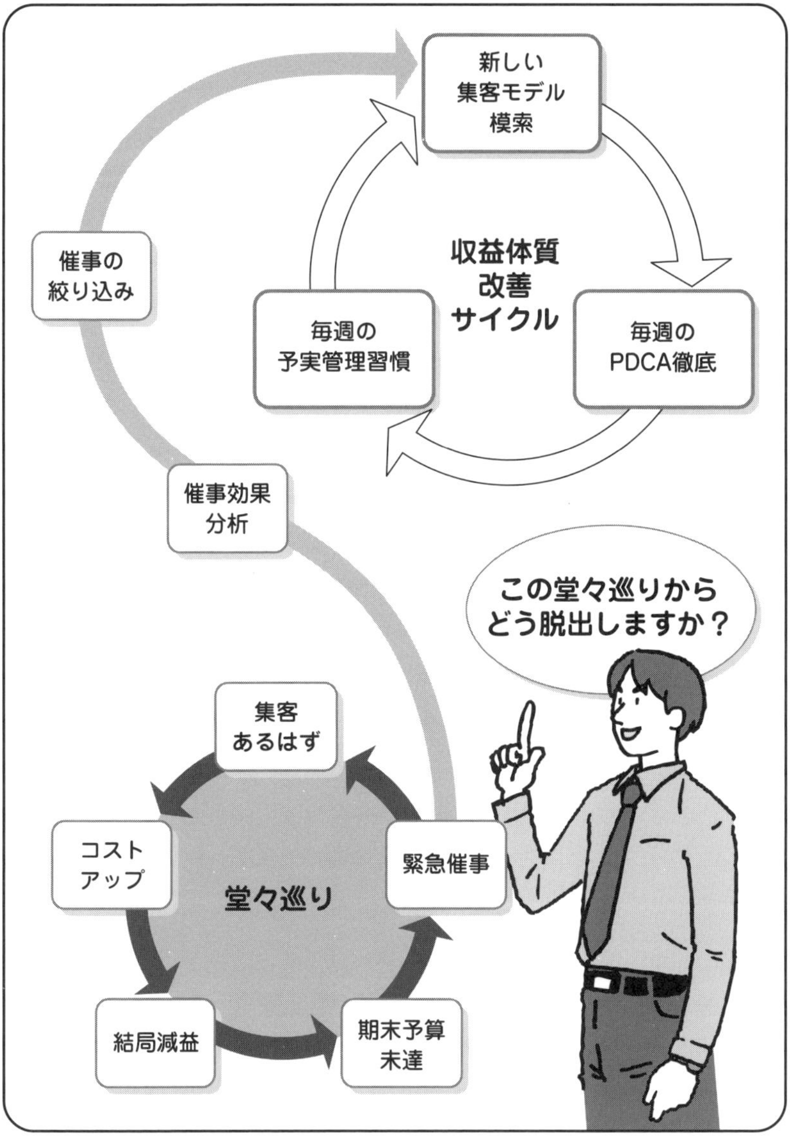
新しい
集客モデル
模索
収益体質
改善
サイクル
毎週の
PDCA徹底
毎週の
予実管理習慣
催事の
絞り込み
催事効果
分析
この堂々巡りから
どう脱出しますか？
集客
あるはず
コスト
アップ
堂々巡り
緊急催事
結局減益
期末予算
未達

プロジェクトの遅れを解決する！

こんな時に使える！

複数の活動を総合して目的を達成しようとしている時、往々にして計画は遅れるものです。その可能性を冷静にチームで判断し、可能性を高めるための方策を考えることを促すのがこの道具です。スケジュールがタイトな時、開発要素の残っている要素技術を組み合わせて新製品を開発しようとしている場合などに有効です。

この道具の使い方

1. 開発しようとしているものを確率的に相互に独立な要素に分解する
2. 関係者全員が見えるように相関関係を描き出す
3. 期日までに各要素が目標を達成している確率を見積もり、その積として最終目標の達成目標を見積もる
4. 達成したいものの達成確率が低い場合には、それを高めるために何をするべきかをブレスト（p.30参照）する

使用例

右の例では、目標技術XXをある時期までに達成するためには、A～Dの4つの独立した要素技術を開発する必要がある。それぞれの要素について、右図下のように達成できる確率を考え、目標期日時点で、どの程度の確率で開発を終えられるかを推定する。この例では、要素Dがボトルネックになっており、このまま続けても期日どおりにできる可能性は低い。要素Dを代替えする技術を買ってくるのか、期日を遅らせるのかを真剣に考える必要がある。

さらに使いこなすためのヒント

要素を細かく分けるほど確率が小さくなると考えがちだが、それは間違いです。確率的に独立事象であれば、細かく分けるほど、それぞれの要素の達成確率は上がり、全体の確率は変わらないはずです。ファシリテーターは関係者の心を開いて、本当にどういう要素とリスク（確率）から成り立っているのかを共有する力が要求されます。

要素マッピング

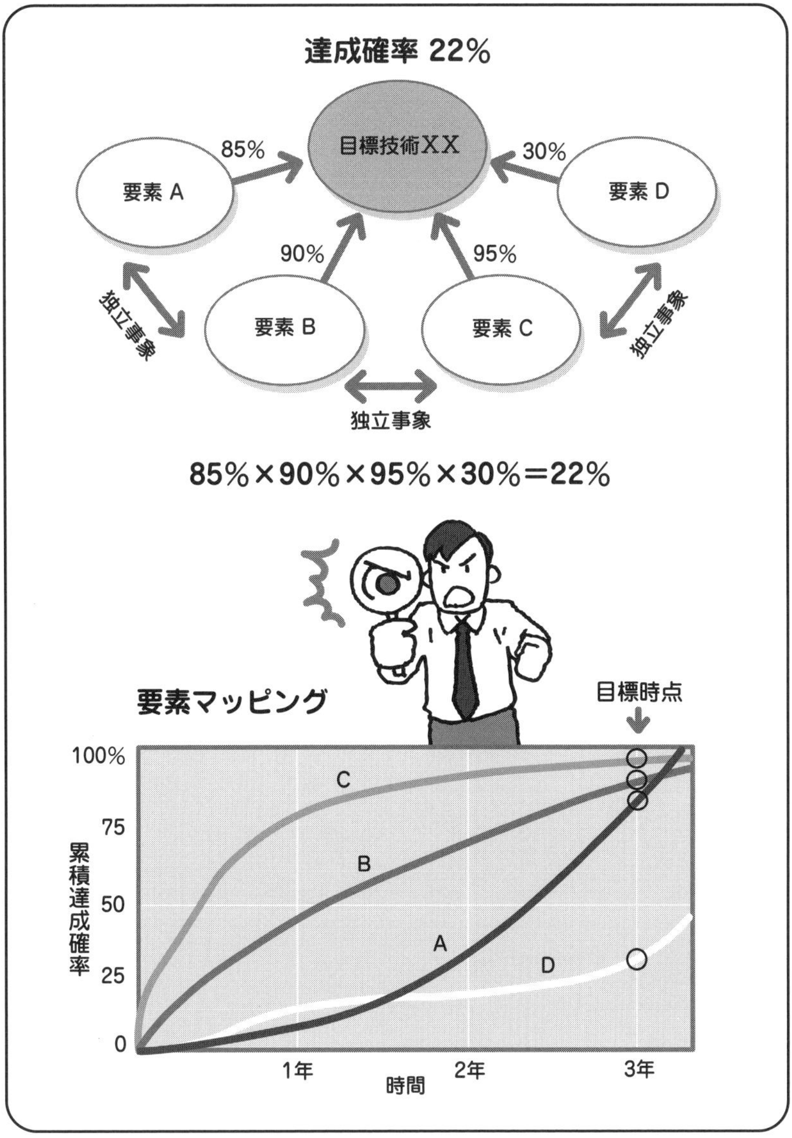

達成確率 22%
目標技術XX
85%
30%
要素 A
要素 D
90%
95%
独立事象
要素 B
要素 C
独立事象
独立事象
85%×90%×95%×30%=22%
要素マッピング
目標時点
100%
75
50
25
0
累積達成確率
C
B
A
D
1年
2年
3年
時間

リスクミニマムの選択で危機を乗り切る！

こんな時に使える！

「偽装問題が発覚した！」「品質トラブルが発生した！」テレビでお馴染みのこんな事件が、もしみなさんの会社で発生したら？　誰でも迅速に対処したいが、件数が多すぎてとてもすべてに対処できないという場合が少なくありません。そんな時にはリスク評価表を使って組織の力を結集し、被害が最小になるように対応しましょう。

この道具の使い方

1. リスクの大きさを判断するための評価項目をリストアップする
2. リスク評価指数を決定する
3. 評価対象をすべてリストアップし、それぞれの評価項目に照らしてポイントをつける
4. 点数を掛け合わせ、その大きさで優先順位を設定する

使用例

中間素材のメーカー。同社のある製品に強度不足が判明。早速、技術・マーケティング・販売・法務関係者からなる危機管理チームが編成された。リーダーの山田氏の問いかけで、リスクの大きさを判定する項目をみんなで議論し、「販売数量」「用途の危険度」「顧客重要度」とした。評価指数はメリハリがつきやすいように1、5、9点とし、人命に関わるものは例外的に1000点をつけることにする。数字が大きいほど危険度が高い。500社近い顧客を対象にチーム全員で評価を進め、優先順位を決定するためのリスク評価を開始した。

さらに使いこなすためのヒント

- 危機に際しては冷静な判断が難しくなります。ファシリテーターは、チームがパニックにならないような適確なプロセス提案ができるように普段から準備しておきましょう。
- エクセルでリスク評価表を作成し、プロジェクターで壁に映し出してみんなの意見を集約すると速い対応ができます。

リスク評価表

評価項目はどうするか？

販売数量：数量が多いほど事故につながる可能性が高い
用途の危険度：用途によっては安全
顧客重要度：顧客からの反応をうまくコントロールしてパニックにならないようにする必要がある

顧客名	リスク指数 (a)×(b)×(c)	販売数量 (a)	用途の危険度 (b)	顧客重要度 (c)
A社	**1**	1	1	1
B社	**125**	5	5	5
C社	**729**	9	9	9
D社	**9,000**	9	1,000	1
.	.	.	.	.
.	.	.	.	.
.	.	.	.	.

評価対象は、場合によって変わる

指数はメリハリがつくように選ぼう

例外ポイントも設定

リスク指数は、評価項目の積で表わす。得点が高いほど危ない！

優先順位の共通点を見つけよう！

こんな時に使える！

「優先順位が違う」と論争を繰り返していると、とかく些細な違いに目がいきがちで、全体像を見失いかねません。こんな時、ダブル・ペイオフマトリックスが役立ちます。意見が違うと思っている人たちが、別々にペイオフマトリックス（p.56参照）をつくって比べてみると、意外に共通点が多いことに気づくでしょう。

この道具の使い方

1. ペイオフマトリックスの縦軸・横軸に合意する
2. 意見が異なるチームごとに別れ、別々にペイオフマトリックスを作成してから持ち寄る
3. それらを合成して、共通点を見つける
4. 共通点だけを取り上げて先に進めることができないか議論する

使用例

A社とB社は、この2年間にわたって事業統合について話し合ってきたが、11ある事業についての優先順位や戦略で意見が合わず、交渉決裂かと思われた。ある日の打ち合わせで、両社それぞれに透明なシートに描いたペイオフマトリックスを配り、11の事業をプロットするように依頼した。出てきたシートを重ね合わせ、プロジェクターでスクリーンに映すと、たしかに違いもあるが、優先順位の高い重要な事業で意見が一致している。これ以上、机上で議論を続けるよりも、一致している事業だけをまず統合し、それ以外のものは継続審議することで、急転直下話がまとまった。

さらに使いこなすためのヒント

共通点より、違いにこだわる人のほうが多いものです。大局的観点から共通点に目を向けるメリットを意識させましょう。

ダブル・ペイオフマトリックス

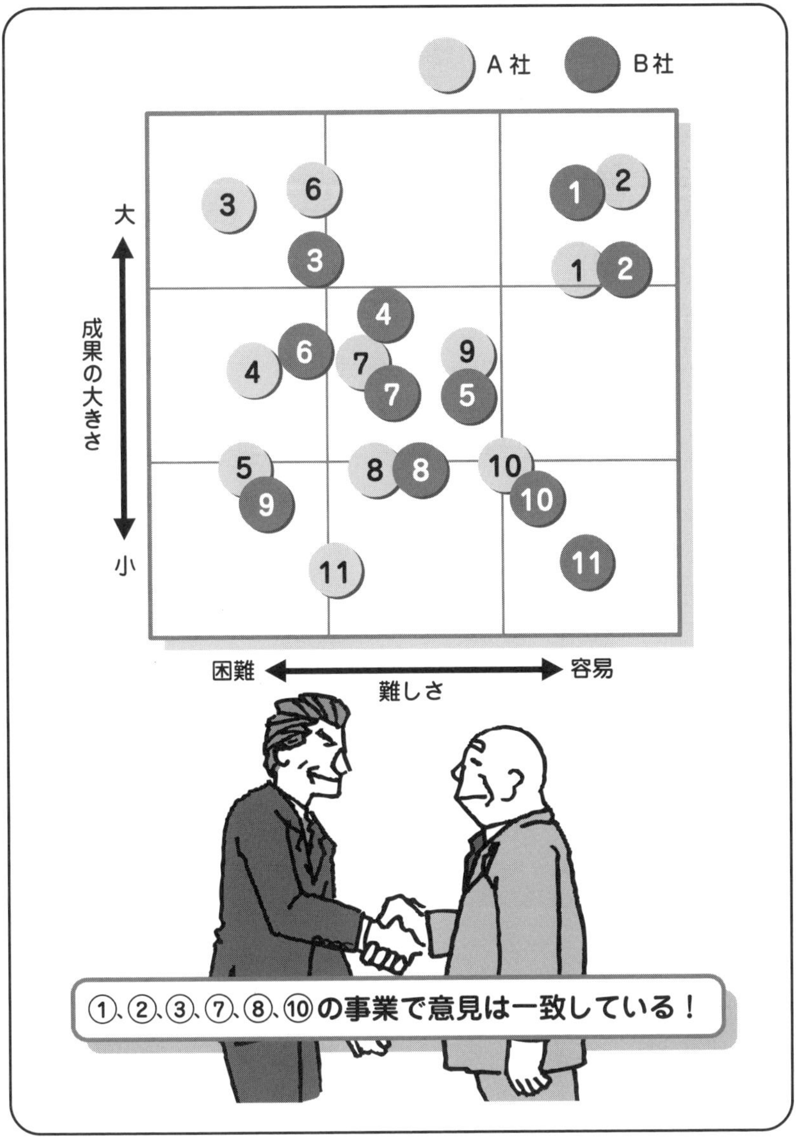

ビジョンづくりを楽しもう!

こんな時に使える!

みんなでビジョンを考えたい時に役立ちます。

この道具の使い方

1. 3年後のビジョンを考えたい時、事前に3年後に何が起っているかを考えてきてもらう（私の歳は…、家族は…、大阪で百貨店の供給過剰、地上波アナログ放送終了等など)
2. 全員で、3年後の出来事を話し合い、ホワイトボードなどに書き出していく（30〜60分）
3. アタマの中が3年後の状況になってきたら、その中で自分たちがどうなっていたいかを話し合い、ポストイットに書き出して貼り出していく
4. 親和図（p.32参照）の要領で、意味の似たものを集めていく
5. 誰かが代表になって、ビジョンステートメントの叩き台をつくり、みんなで揉む！

使用例

競争激しいデパート業界。地域密着型の中堅百貨店の中核社員が集まって、3年後のビジョンづくりを始めた。金曜日の夕方、研修所に集まると、ファシリテーターの土屋氏が問いかけた。「みなさん、3年後は何歳ですか？」「その時、家族はどうなっていますか？」

夕食後、もう一度集まり、今度は世の中の地域経済について議論した。翌朝、「では、みなさんの百貨店はどうなっていたいですか？」

このような会を毎月1回、3回にわたって繰り返し、ビジョンをつくり上げた。

さらに使いこなすためのヒント

- こういう言葉が入っているべきだというキーワードを用意しておくと、まとまりやすいでしょう。
- 右図下の「いいビジョンの条件」と照らし合わせて、ビジョンステートメントを磨きましょう。

タイムマシン法

ビジョンステートメントの例

我々は地域の特産品を掘り起こし、○×ブランドで北東アジアに展開する小売りのプロフェッショナルとなっている。

- 独自ブランド商品売上割合：20%
- 経常利益率：4%
- 社員満足度：65%

いいビジョンの条件 チェックリスト

- □ 目の前に浮かぶ
- □ 感性にうったえる
- □ 覚えやすい
- □ 従業員の共感が得られる
- □ ステークホルダーから見て魅力的
- □ 進捗が測れる

輝いていた時を思い出させ、元気を取り戻そう!

こんな時に使える!

自信を失い、チームにエネルギーがなくなっている時、このエクササイズを行なうと、自分たちの核となる強みや潜在力を再発見して、元気になれます。

この道具の使い方

1. メンバーを集め、2人ずつペアになってもらう
2. 「ヒーローインタビューの進め方」(右図)を配布し、内容を確認する
3. それぞれ30分ぐらいインタビューの時間をとる(2人で1時間)
4. インタビューが終わったら、互いに相手の人をヒーロー(ヒロイン)としてチームに紹介する
5. 紹介の最後には、「今後○△な場面でまた活躍されると思います」と付け加える

使用例

不振にあえぐメーカーの営業部。部員12名がある金曜日の夕方、区民会館に集合し、ヒーローインタビューを実施した。夕食までに各ペアはインタビューを終え、夕食後、2人ずつ立ち上がって相手を紹介していった。これまで長年一緒に仕事をしてきた相手にこんなすばらしい過去や一面があったのかと、驚きと今後の可能性を感じながら一体感を高めた。

さらに使いこなすためのヒント

職場でやるよりも、公園、ホテル、リゾート地など、非日常的な空間を利用すると効果的です。

ヒーローインタビュー

ヒーローインタビューの進め方

目的

メンバー1人ひとりのポジティブ・コア（核となる潜在力）を発見し、活力を顕在化することです。

ポジティブ・コアとは

○○○力といわれるようなものですが、たとえば、他人から信頼される性格、メンバーを活気づける力、実績や経験なども含まれると広く考えてください。

インタビューの方法

ペアを組んで、相手のポジティブ・コアを見つけるための質問をしてください。たとえば、以下のような質問です。

ポジティブ・コア発見のための質問例

- あなたの人生を振り返って、自分が輝いていた時ややり甲斐を感じていた時を思い出し、その時の様子を教えてください。
- どんな時に気力が充実していると感じましたか？
- この会社に入社してから体験した「最高の瞬間」を思い出してください。それはどんな時でしたか？
- 自分自身の仕事や組織について、どんなポジティブ・コアがあると思いますか。恥ずかしがることなく、率直に話してみてください。
- これから実現可能な「最高の瞬間」ってどんなことだと思いますか？

インタビュアーの姿勢

- 相手に対して、興味を持ってインタビューしてください。共感や思いやりを示してください。
- インタビューに際しては、相手の気づいていないポジティブ・コアをも発見するように質問を考え、答えに対するリアクション（表情、頷きなど）も工夫してください。
- 中立的な質問（例：それはなぜですか？）は、ネガティブにとらえられます。相手を乗せるような気持ちで、ポジティブな言葉を繰り返し使ってください。

SWOTで戦略意識を高めよう！

こんな時に使える！

ビジョンづくりや戦略づくりの前段階で、問題意識を共有し解決に向けた意識を高めたい時、SWOT（Strength, Weakness, Opportunities, Threats）法が効果的です。

この道具の使い方

1．自分たちの特徴を強みと弱みに分けて列挙する
2．外部の環境を機会と脅威に分けて列挙する
3．強み・弱みと機会・脅威とを組み合わせながら、この後何をなすべきかを議論する

使用例

ある化粧品メーカーの中期計画策定に先だって、大月企画部長は、主な部員とともに去年を振り返り、冷静に自社の強みと弱みを書き出してみた。それとは別に、今後の外部環境の中にある機会と脅威を洗い出してみる。それを別のマトリックスに転記して、「『強み』を活かして『機会』を得るためには何をすべきか」「『弱み』が『脅威』の前に露呈しないようにどう対策をとるか」と議論を重ね、中期計画の土台になる基本方針を固めていった。

さらに使いこなすためのヒント

- 「強み」と「弱み」、「機会」と「脅威」はそれぞれ時間をかけて別々に書き出していきましょう。短時間にやろうとすると、表面的なものしかできません。
- 右図下のようなマトリックスを見せるよりは、1つずつ組み合わせを取り出して、時間をかけて議論するように心がけましょう。

SWOT法

板書例

S 強み	W 弱み
バイオ技術の基礎研究力 提案力のある店頭販売員 顧客情報システム :	ブランド認知度の停滞 低迷する製造生産性 チャネルの単一性 :
O 機会	**T 脅威**
美容・健康への興味拡大 カウンセリングのニーズ 環境への関心 :	価格競争の激化 低価格商品の台頭 法改正による規制 :

		強み	弱み
		バイオ技術の基礎研究力 提案力のある店頭販売員 顧客情報システム :	ブランド認知度の停滞 低迷する製造生産性 チャネルの単一性 :
機会	美容・健康への興味拡大 カウンセリングのニーズ 環境への関心 :	店頭カウンセリングメニュー 新製品ラインナップ ワン・トゥ・ワン・マーケティング :	新製品を出すための製造計画 （単に生産率を高める改善は行なわない） :
脅威	価格競争の激化 低価格商品の台頭 法改正による規制 :	規制に対応した製品開発 価格競争しないための提案力強化 :	ブランド力強化を狙った 新たな店舗展開 :

痛みと喜びの原則で現状を打破しよう！

こんな時に使える！

組織変革で役立つツールです。変革に抵抗する人は想像以上に多いものです。深層心理的には、変わらないことに対する喜びと、変革への恐れを感じているからと考えられます。このツールは、その心理を分析し、「変わらない喜びと変革の痛み」を、「変わらないことによる痛みと変革のもたらす喜び」へと変換させるためのものです。

この道具の使い方

1．「変わる」「変わらない」と、「痛み（コスト、デメリット）」「喜び（利益、メリット）」のマトリックスを作成する（右ページ図参照）
2．参加者を促してマトリックスを埋め、変われない仕組みを共有する
　A＋D＞B＋C　→　変化は起こらない＝変われない
　A＋D＜B＋C　→　変化は起こる　　＝ 変われる
3．AをBに、DをCに変換するための施策を議論するようにファシリテートする
　●改革の痛み（A）を弱め、改革の喜び（B）を強める施策は？
　●変わらない喜び（D）を剥奪し、Cを高めるための施策は？

使用例

営業部は全員多忙であった。次から次へと来る業務をどうにかこなしている状態で、このままでは業務自体が破綻するのが眼に見えていた。いままで何度か改革を試みたが、長続きしない。新任の営業部長は全営業リーダーを集め、1泊2日の合宿で、なぜ変われないのかをPPMを使って共有した。その後、月に1度の合宿を繰り返し、変化を起こす（A＋D＜B＋C）ための議論を重ねていった。

さらに使いこなすためのヒント

●いきなりマトリックスを書くよりも、1つずつ時間を切って粘り強く議論していきましょう。

PPM（ペイン・プレジャーマトリックス）

	痛み	喜び
変わる	A ● 仕組みを変えると現状の顧客からクレームが来る ● 新しいやり方を覚えなければならない ● 仕組みを変えるには別途予算がかかる	B ● 業務が効率化されれば新規顧客開拓に時間をとれる ● ノウハウ共有の仕組みを入れれば人材育成に効果的である
変わらない	C ● 大きな問題が起きたら対応できない ● 他社に顧客を取られている ● 経験から学ぶことができずいつも同じ失敗を繰り返す	D ● 大きな問題さえ起こらなければ、現状はどうにか仕事をこなせる

＊ PPM（Pain Pleasure Matrix）は船川淳志氏のフレームワークです。

- Dの状態にいることの気持ち悪さを引き出し、問題意識を持たせましょう。
- BとCを比較させて、理想と現実のギャップを認識させましょう。変革の喜びは、理想やビジョンに置き換えられます（タイムマシン法p.126参照）。

コラム

会社の中では こうやって始めよう

上意下達の風土が強い、ある大企業。新しくその会社の社長になったK氏は、以前から「この風土のままではこれからの時代にやっていけない」と強い危機感を持っておられ、何とかしたいと相談にこられました。そこで、その風土改革の一助にと6か月以上かけて、風土改革プロジェクトの中にファシリテーション研修を組みこんでみました。

まず、会社にとっての重要課題を設定してもらいました。最終的に選ばれたテーマは「売上げアップ10%」。はじめは、「風土改革だから『リーダーシップ』とか、『モチベーションアップ』といったソフトなものをと考えておられたようですが、効果を数字で計れるテーマを選んでもらうようにお願いしました。そのうえで、この問題を解決するためのプロジェクトメンバーを8人ほど選びました。もちろん営業だけでなく、マーケティングや技術開発、調達のキーマンにもメンバーになってもらったことは言うまでもありません。

はじめに2日間、研修所に缶詰になってもらいました。1日目はファシリテーション研修。2日目は初日に学んだものを自分たちの課題に当てはめての生々しい議論です。私は、時々「成長機会の全体像が見えていませんね。まず『オポチュニティマッピング』をしてみませんか？」「『プロセスマッピング』をして、いまの取り組みの弱点を考えてみましょう」「2つのチームに分かれて、30分でいくつ解決策を出せるか、晩ご飯を賭けて競争してみましょう」と言いながら、柔らかくプロセスコントロールをしました。

こうやって2日間の集合研修をやった後は、月に1度プロジェクトの進捗を報告してもらって、アドバイスをしました。たとえば「みなさんは、パートさんに対して『上意下達型』じゃないですか？　パートさんを手足としてじゃなく、アタマとしてもっと活用することを考えましょう。それがファシリテーションです。どうしたらいいと思いますか？」と問いかけ、話し合ってもらいました。あるいは、「『フォースフィールド分析』をしてみましょうか？」「もう一度『パレート』し直してみましょう」と、壁にぶち当たっているチームに、行動修正の必要性を考えてもらいました。実行段階になると会議の中だけでは経験できないホンモノの課題が出てきます。とは言っても、実際の活動は95%参加者が行ないます。彼らは月に1回私がやってくるので、それを1つの目標として、自主的に話し合う時間をつくり、答えを出そうとしました。

この半年のプロジェクト活動が終わったところで、プロジェクトメンバーが社長のK氏に対して報告会を持ちました。実は目標の10%には若干届かなかったのですが、K氏からは、「メンバーが自ら創意工夫していろいろな試行錯誤を繰り返し、売上げを伸ばそうと必死で努力したことがよくわかった。そういう情熱がひしひしと伝わってきた」とうれしい連絡をもらいました。

さて、社長がK氏のように意欲的であればいいのですが、みなさんの会社もそうとは限りません。むしろそうでないことのほうが多いでしょう。これからファシリテーションを社内に取り入れようと考えていらっしゃる読者のみなさんは、この話から何を学べばいいでしょうか？

まず、単なるファシリテーションスキルの勉強会ではなく、数字で成果の出せる課題を特定してチームで取り組むことをお勧めします。これがなぜ重要かというと、業績の数字をゴールにしておかないとファシリテーションは単なる仲よしクラブの同好会になりがちだからです。

もう1つは、毎回必ず専任のファシリテーターを置くことです。当事者でありながらファシリテーションもするというのは、非常に難しいものです。全員が「当事者」になってしまうとファシリテーションを忘れ、「審判のいないサッカー」のようになってしまいます。

ファシリテーター役を持ち回りで替わることはオススメです。そしてミーティングが終わるごとに、「一言チェックアウト」や「振り返りタイム」を持てば、全員のファシリテーション力が高まります。日々の仕事をテーマにトレーニングをすると非常に実践的ですが、ついつい忘れがちになる基本があります。それは、たとえば、①ファシリテーター役の人はファシリテーションに徹していますか？　②口頭で言い合う空中戦ではなく、書いて・描いて（地上戦）、みんなで話していますか？　③時間を区切って集中していますか？　④やる気を高める工夫をしていますか？　⑤パートさんも含めて全員のアタマを活用していますか？　といったことです。時々思い出しましょう。

あとがきに代えて

森　「ファシリテーターの道具研究会」のみなさん、ありがとうございます。実は12年ほど前に初めてファシリテーションに接した時、いったいファシリテーションにはどんな道具があるのだろうかと強く感じたことを覚えています。そういう12年前の私が見たらぜひ買いたいと思う本を、今回みなさんと一緒につくることができました。とても楽しい執筆作業でした。

　さて、みなさんはこの本に紹介された「道具」を普段使いこなしているわけですが、その立場から本書の読者の方々に何か伝えたいことはないでしょうか？

東出　そうですね、昔は私も道具をたくさん知っておきたいというタイプでしたが、いまになって思うと、結局使っている道具は5つくらいで80%以上の場合をカバーしているように思います。言ってみれば、実は道具は使いこなしが大切ってことでしょうか。読者の方々も自分の得意道具をいくつか決めて使い込むことをお勧めします。

大嶋　道具は、長所や短所をよくわかったうえで使わないとうまくいきません。そのため、「この道具は誰にも負けないぞ」と言えるものを持つことが、ファシリテーターの力になるでしょう。私の場合は、マインドマップとPREP法が得意技です。やはり、そんな道具があるのでいざという時には心強いものです。

新岡　大嶋さんとちょっと相反するかもしれませんが、使う時、気負いすぎるのもよくないですね（笑）。よくあるのが、ツールの説明から入ってしまうパターン。その場にいる人たちは名前などどうでもよく、わかりやすくて効果的であればいいわけです。『使いこなす』というのは、いかに自然に流れるように会話から道具へとつないでいくか、ということも含まれると思います。説明が必要な時もあるでしょうが、まずは場に合った流れをつくることです。

田代　これは「道具」ではありませんが、参加者が安心して意見を口にできる場づくりって重要ですね。こんなことを言って反対されるのではと、自信がなさそうだと、予めグランドルールで「人の意見を否定しない」、下手なことを話して査定に響くのでは……との心配については、「お互いの守秘義務を守る」など、確認することが大切です。 また、筆跡で特定されるのが気になるようなら、ファシリテーターが、意見をすべて代筆するのもよいですね。ファシリテーターが、自分自身の問題や失敗談を、オープンに話してみるのも、話しやすい雰囲気をつくります。

東出　田代さんに賛成です。発言して、それを誰かに無視されるんじゃないか？　否定されるんじゃないか？　ばかにされるんじゃないか？　そう思うと、つい臆病になる……。実は、私にもあります。参加者になんとかそんな思いだけはしてほしくない。そのために、ファシリテーターがいて、ツールがある。 田代さんに加えて、発散と収束を必ず分ける、ポストイットに書く、これらもきっとそんな思いを実現にするのに役立つと思います。話を独占して申し訳ないのですが、もう2点だけ話させてください（笑）。

1点目は、ファシリテーターは独りぼっちではないということ。議論が混沌としてきたり、暴走したり、困った人が出てきたり……、きっとそういう問題に遭遇すると思います。そうなったら、怖がるなといっても無理だけど……、そうなっているという事実を参加者に率直に伝えて、どうすればよいかをみんなに訊いてみるといいですね。きっと参加者の中の誰かが助けてくれますよ。

2点目は、なんだかんだ言っても、時間管理をきちんとすることが基本、一番感謝されます。打ち合わせ、会議、ミーティング……。人が集まればみなさんの貴重な時間を預かっていることになる。できるだけムダにならないように、せめて時間管理だけはきちんとしましょう。道具以前かもしれないけど、やっぱり大切だと思う。不安だな～と思ったら、はじめに段取りとアウトプットを説明して協力を求めましょう。それだけでも、進めやすくなる気がします。

細田　道具を使いこなせるようになるには時間もかかるし、何度か失敗することって絶対必要だと思うんですよね。だから「十分理解してから使おう」って失敗を恐れて出し渋っていると、いつまでたっても使えるようにならない。私も形から入るほうなので、中途半端な理解で使うのはたしかに怖い。だからいっそのこと、ホンネをオープンにしちゃえば楽になるんじゃないですか。「この間買った本に、こんな解決方法（道具）が載ってたんだけど、ちょっと試してみていい？」って。でもその時、絶対忘れてはいけないのが、どういう目的でその道具を使うかも伝えること。それがあれば、みんなで目的を共有できるから、うまくいかなそうな時でも「ここをこうすればうまく使えそうじゃない？」とメンバーから助け舟を出してもらえることもある。むしろ、そのほうがみんなでやっているような気がしていいと思うんです。必殺技で鮮やかに問題解決するのもかっこいいけどね（笑）。

注意点としては、本来の目的（たとえば、ある問題を解決する）をそっちのけで、道具を使いこなす（うまく使う）ことばかり気にしてしまわないこと。道具はあくまでも道具、という認識は持ってないといけないと思います。

松尾　ファシリテーターにとって大切なことを順番に挙げると、「勇気」「めげない心」そして「冷静さ」だと思っています。うまく場がつくれて、道具を便利に使ったと思っても、いずれどこかで困った場面に出くわす時がやってきます。そんな時でも、「何とかしよう」とその場に真摯に向き合う。うまくいかなくても、めげずに何度もチャレンジする。東出さんの「独りぼっちではない」に重なりますが、そんなファシリテーターの姿は、参加者が一番敏感に感じ、理解を示し協力してくれます。不器用な自分も、そうやって「道具の使い方」「場の切り抜け方」を少しずつ体で覚えていきました。

中西　どうしても議論が脱線したり、違う「道具」を持ち出す人がいたりしますから、期待どおりにいかないこともありますよね。まずは「道具の使い方」に沿ったファシリテーションに徹する、ということにトライしてみてはいかがでしょうか。もし、終わってみて議論がしっくりこなかったなぁ、と思う場合は、その会議を振り返ってみて、「道具の使い方どおり進められたか」「自分なりに工夫する点はないか」「他の道具のほうがよかったのか」など考えてみると、次につながりますね。

西野　そうですね。とりあえずやってみて、自分でも振り返る。そして、同席していたメンバーに「どうだった？」「こうすればもっとよくなるところってある？」と尋ねてみてはいかがでしょう。改善ポイントの発見にもなるし、メンバー巻き込みにも一役買うのではないでしょうか？

大嶋　道具を使っても期待どおりにならなかった経験をみなさんされているようですが、そんな時でも、最後にはその場（会議）がいい結果で収まると信じないといけません。ファシリテーターには、そんな心の強さが必要だと私は思います。

檀野　個人的に感じるのは、最近「ファシリテーション」という言葉が独り歩きしすぎて、活発であればいいとか、意見を聞けばいいとか、コミュニケーション部分を重視しすぎて、結局会議自体は非効率という現場が増えているような気がします。気のせいかもしれませんが……。会議そのものも、ファシリテーションも目的ではない。最終的な目的は何なのかを共有して、手段としてツールを使うようにすれば、社会がちょっとずつハッピーになるんじゃないかと思います。

大木　同感。どの道具も、言葉だけが独り歩きする傾向もなきにしもあらず、です。また、手法だけが取り上げられるのもよくない。たとえば、「傾聴（アクティブリスニング）が大事」と言われると、聴いている振りをしようとする人がいます。これは違うと思うわけです。本質をとらえて、メンバーの理解が深まるような質問を投げ返すようでなくてはならないと思うんですね。そう考えると、たとえば、企業で行なう会議にまったくその事業の知識のないファシリテーターが来ても無理なわけです。ちゃんと仕事に対する理解のある人が、その仕事をよりよくするために身につけるのがファシリテーションであり、そういう下地があってこそ道具が活用できるんだと思います。

森　この本は、「『道具』をできるだけやさしく並べた『道具箱』」というコンセプトでつくったのですが、もちろん「道具」以外に重要なことがいっぱいあるということですね。我々のこういった思いも含めて、読者のみなさんと情報共有できる場があるといいですね。

大木　ということで、実は、mixiにコミュニティを立ち上げました。そこでしばらくの期間、読者のみなさんと情報交換ができるようにしたいと思います。

mixi（http://mixi.jp/）に参加のうえ、こちら（http://mixi.jp/view_community.pl?id=2974119）にコミュニティ参加希望を出していただくことで参加できます。mixi未参加の方は、インターネットで「mixi　招待」などと検索してみるといいと思います。

森　では、この続きはmixi上で。

この本の発行は、森のスケジュールの都合で大幅に遅れました。それに、我慢強くつきあってくださった「ファシリテーターの道具研究会」のみなさんと、常に励ましと厳しい締め切りを設定してくださったダイヤモンド社の久我茂氏に心からのお礼を申し上げたい。これらの方々のご協力がなければ、この本は日の目を見なかったでしょう。

2008年1月吉日
森　時彦

参考文献

1．森時彦『ザ・ファシリテーター』ダイヤモンド社　2004

2．森時彦『ザ・ファシリテーター2』ダイヤモンド社　2007

3．森時彦『ファシリテーター養成講座』ダイヤモンド社　2007

4．ピーター・クライン、バーナード・サンダンス著、今泉敦子訳『こうすれば組織を変えられる！「学習する組織」をつくる10のステップ・トレーニング』フォレスト出版　2002

5．ダニエル・ゴールマン著、土屋京子訳『EQ　こころの知能指数』講談社　1996

6．中野民夫『ワークショップ』岩波新書　2001

7．堀公俊『問題解決ファシリテーター』東洋経済新報社　2003

8．フラン・リース著・黒田由貴子訳『ファシリテーター型リーダーの時代』プレジデント社　2002

9．加藤昌治『アイデア会議』大和書房　2006

10．渡辺健介『世界一やさしい問題解決の授業』ダイヤモンド社　2007

11．川喜多二郎『「発想法」創造性開発のために』中公新書　1967

12．門川義彦『笑顔のチカラ』アルマット　2002

13．南山短期大学人間関係科/監修、津村俊充・山口真人/編『人間関係トレーニング』ナカニシヤ出版　1992

14．大嶋友秀『PREP法で簡単に身につく論理的に「話す」技術』日本実業出版社　2006

15．籠屋邦夫『選択と集中の意思決定——事業価値最大化へのディシジョン・マネジメント』東洋経済新報社　2000

16．トニー・ブザン著、神田昌典訳『ザ・マインドマップ』ダイヤモンド社　2005

17．堀公俊＋加藤彰『ファシリテーション・グラフィック』日本経済新聞社　2006

18．今泉浩晃『マンダラMEMO学——Mandal-art脳のOSを創る』オーエス出版　1998

19. 藤原裕司『「脂肪を燃やすトレーニング」体験的マフェトン理論』宝島社新書　2000
20. 堀公俊・加藤彰・加留部貴行『チーム・ビルディング――人と人を「つなぐ」技法（ファシリテーション・スキルズ）』日本経済新聞出版社　2007
21. デビッド・L・クーパーライダー、ダイアナ・ウィットニー著、本間正人訳『AI「最高の瞬間」を引き出す組織開発』PHP研究所　2006
22. 田村洋一『組織の「当たり前」を変える』ファーストプレス　2006
23. アニータ・ブラウン／ディビッド・アイザックス／ワールド・カフェ・コミュニティ著、香取一昭／川口大輔訳『ワールド・カフェ――カフェ的会話が未来を創る』ヒューマンバリュー　2007
24. 船川淳志『変革リーダーの技術』オーエス出版　2001

〈ファシリテーターの道具研究会メンバー〉

大木豊成（おおき・とよしげ）　エクスアーツ㈱常務取締役。組織開発や人事育成コンサルタントに従事。ブログ「走れ！プロジェクトマネージャー！」（http://blogs.itmedia.co.jp/tooki/）執筆中。

大嶋友秀（おおしま・ともひで）　㈱スピーキングエッセイ（http://www.speaking-essay.com）代表。『人前力』をキーワードに、スピーチ研修、マインドマップセミナーを展開。

田代純子（たしろ・じゅんこ）　㈱タシロコム代表取締役。ファシリタティブなリーダーシップが、学びのテーマ。

檀野隆一（だんの・りゅういち）　ネットエージェント㈱取締役。ソフトウェア開発の現場からファシリテーションについて日々検証中。

中西悟司（なかにし・さとし）　大手企業にて内部監査業務に従事。CCSA（内部統制評価指導士）としてCSAワークショップを研究中。

新岡優子（にいおか・ゆうこ）　ソフトウェアシステム開発のプロセスコンサルタント。著書に『システム開発現場のファシリテーション』（共著・技術評論社）がある。

西野亜希（にしの・あき）　オフォスアミューズ代表。米国にてMBA取得後、日本の組織を元気にすべく日々奮闘中。

東出和矩（ひがしで・かずのり）　メーカー勤務。目的×KAIZEN×ファシリテーション＝継続的発展。

細田　剛（ほそだ・たけし）　人事系コンサルティング会社を経て、現在は事業会社の人事部に在籍。

松尾公博（まつお・きみひろ）　㈱エスアールエル勤務。総務部にて「現場を支える力」を増強中。“会社に笑顔を増やしていこう！with smile！”

[著者]
森　時彦（もり・ときひこ）
1952年、大阪生まれ。大阪大学、マサチューセッツ工科大学（MIT）卒。工学博士（PhD）、経営学修士（MBA）。神戸製鋼所を経て、GE（ゼネラル・エレクトリック）に勤務。製品開発・マーケティング部門のリーダー、日本GE役員などの要職を歴任。その後テラダイン（日本法人）代表取締役を経て、㈱チェンジ・マネジメント・コンサルティング代表取締役として活躍するかたわら、2007年7月、中小企業の成長促進・事業承継に重点を置いた投資アドバイザー会社、㈱リバーサイド・パートナーズの代表パートナーに就任。著書に『ザ・ファシリテーター』『ザ・ファシリテーター２』『ファシリテーター養成講座』（いずれもダイヤモンド社）がある。
〈e-mail〉 SNB13753@nifty.com

ファシリテーターの道具箱
——組織の問題解決に使えるパワーツール49

2008年３月13日　第１刷発行
2009年10月29日　第６刷発行

著　者——森　時彦／ファシリテーターの道具研究会
発行所——ダイヤモンド社
〒150-8409　東京都渋谷区神宮前6-12-17
http://www.diamond.co.jp/
電話／03･5778･7232（編集）　03･5778･7240（販売）
図版製作——デザインコンビビア
装丁————布施育哉
製作進行——ダイヤモンド・グラフィック社
印刷————八光印刷（本文）・加藤文明社（カバー）
製本————宮本製本所
編集担当——久我　茂

ISBN 978-4-478-00396-1